Jahrbuch 2008/09

der Oskar Maria Graf-Gesellschaft

Herausgegeben von Ulrich Dittmann
und Hans Dollinger

Weitere Informationen über den Verlag und sein Programm unter
www.allitera.de

Bibliographische Information der Deutschen Nationalbibliothek:

Die Deutsche Nationalbibliothek verzeichnet diese Publikation in der
Deutschen Nationalbibliographie;
Detaillierte bibliographische Daten sind im Internet
über http://dnb.d-nb.de abrufbar.

Februar 2009
Allitera Verlag
Ein Verlag der Buch&media GmbH, München
© 2009 Buch&media GmbH, München
Umschlaggestaltung: Kay Fretwurst, Freienbrink
Herstellung: Books on Demand GmbH, Norderstedt
Printed in Germany
ISSN 0946-3623
ISBN 978-3-86520-302-1

Inhalt

Vorwort 7

NIKOLAUS BRAUNS
»Kraft wahrer Solidarität« – Oskar Maria Graf und die
Rote Hilfe in München (mit einem bisher unveröffentlichten
Brief Grafs an ein Mitglied der Roten Hilfe) 9

HANS DOLLINGER
»Graf war hinterfotzig, glänzend gelaunt, grob und
lyrisch …« – Oskar Maria Graf und Ludwig Marcuse ... 70

ULRICH KAUFMANN
»Was schreibt denn der Graf?« – Oskar Maria Graf und
Anna Seghers 74

DIRK HEISSERER
»Ein bayrischer Dichter« – Oskar Maria Graf in der
Frankfurter Zeitung (1923–1931) 89

VERENA ESPACH
Das Bild der Münchner Revolution von 1918/19 – gespiegelt im Werk von Thomas Mann, Oskar Maria Graf und
Ernst Toller 105

Vorwort

Das achte Jahrbuch erscheint, nachdem die Gesellschaft im 16. Jahr existiert. Es kommt zu Jahresbeginn heraus und erscheint deswegen als Doppelband. Dass der Verlag parallel zwei der frühesten Erzählsammlungen Grafs in textgetreuen Neudrucken vorlegt, hat das Erscheinen verzögert, bedeutet aber als erweitertes Graf-Angebot eine besondere Freude.

In diesem Jahrbuch situieren zwei Beiträge Oskar Maria Graf in den 20er Jahren, in seiner Hoch-Zeit: Nikolaus Brauns hat für uns auf der Basis seiner Dissertation über die Rote Hilfe mit sehr viel neuem Material eine große Studie verfasst und auf Bezüge zu Graf hin orientiert; Dank seines dauerhaften Engagements für die seit den Siebzigerjahren wieder existierende Solidaritätsorganisation der Roten Hilfe – Brauns gehörte auch zu den Mitbegründern des einschlägigen Hans-Litten-Archivs – eröffnet er einen ganz entscheidenden Interpretationshorizont und lehrt selbst erfahrene Graf-Leser, den »Abgrund« als eine Art Rote-Hilfe-Roman zu lesen. Wie wesentlich diese die Parteien übergreifende Solidarität den Autor beschäftigte, zeigt darüber hinaus ein hier erstmals abgedruckter Graf-Brief aus der Zeit nach dem Zweiten Weltkrieg, in dem er sich auf zwei wichtige Protagonisten der Roten Hilfe bezieht.

Dirk Heißerers Funde und Interpretationen zur Rezeption Grafs in einer der maßgeblichen Zeitungen der 20er Jahre bestätigen einerseits den Rang des Autors und lassen andererseits die Grenzen erkennen, an die er mit seinen Engagements stieß bzw. wo solche für die bürgerliche Presse existierten.

Wie sich Grafs Darstellung des lebenslänglich erinnerten Ereignisses der Münchner Revolution mit deren Spiegelungen im Werk zweier Zeitgenossen vergleichen lässt, belegt und erörtert Verena Espach in der Zusammenfassung ihrer historischen Staasexamensarbeit.

Zwei weitere Beiträge erinnern an das soziale und literarische Netzwerk, in dem Graf sich andauernd, bis in seine Exil- und Dispora-Zeit hinein, bewegte.

Hans Dollinger erinnert aus eigener Anschauung an den fast vergessenen Ludwig Marcuse und Ulrich Kaufmann geht den Bezügen Grafs zu Anna Seghers, der grande dame der DDR-Literatur, nach. Beide Perspektiven auf Graf ergänzen das Bild dessen, um den sich die Gesellschaft versammelt hat.

München, zur Jahreswende 2008/09
Ulrich Dittmann und Hans Dollinger

Nikolaus Brauns
»Kraft wahrer Solidarität«
Oskar Maria Graf und die Rote Hilfe in München

Im November 1932 richtete der »Provinzschriftsteller« Oskar Maria Graf einen flammenden Gruß an den in Moskau tagenden Kongress der Internationalen Rote Hilfe IRH: »Übersieht man die zahllosen Aktionen der R[oten] H[ilfe], so spürt man die unüberwindliche Kraft wahrer Solidarität«. Das Grußwort zum 10. Geburtstag der weltumfassenden Hilfsorganisation für politische Gefangene aus der Arbeiterbewegung endet mit dem Gelöbnis: »Die Internationale Rote Hilfe sei uns allen stets ein Beispiel und Ansporn im Kampf um die Erringung einer Weltordnung, in welcher der Grundsatz wahrhaft wirkt: ›Einer für alle! Alle für einen!‹«[1] Ein knappes Vierteljahr später war Graf als Flüchtling vor dem Faschismus selbst auf die von ihm beschworene Kraft internationaler Solidarität angewiesen.

Der parteilose Gefühlskommunist Oskar Maria Graf hatte Ende der 20er Jahre in der Roten Hilfe Deutschlands, einer proletarischen Hilfsorganisation für politische Gefangene, eine politische Heimat und Wirkungsstätte gefunden. Gemeinsam mit zahlreichen anderen Persönlichkeiten aus Wissenschaft und Kultur wie den Schriftstellern Heinrich und Thomas Mann, der Künstlerin Käthe Kollwitz oder dem Physiknobelpreisträger Albert Einstein warb Graf mit seinem Namen für Amnestiekampagnen der Roten Hilfe. Doch darüber hinaus und im Unterschied zu den meisten anderen prominenten Unterstützern der Roten Hilfe engagierte er sich auch praktisch innerhalb der Organisation.[2] Graf

---

[1] Die unüberwindbare Kraft wahrer Solidarität, Gruß von Oskar Maria Graf zum Weltkongress der Internationalen Roten Hilfe an den Zentralvorstand der RHD, Tribunal 16 Ende November 1932.
[2] Siehe z. B. den Aufruf »Die Männer der Kunst und Wissenschaft für die Vollamnestie!«, auf dem neben Oskar Maria Graf weit über 100 prominente Schriftsteller, Künstler und Wissenschaftler die von der Roten Hilfe aufgestellte Forderung nach einer Amnestie in Deutschland unterstützten, Tribunal Nr.3 April 1930, 11.

sammelte Hilfsgelder für die Familien politischer Gefangener, er gab Rechtsauskünfte im Büro der Roten Hilfe, er repräsentierte die Rote Hilfe nach außen gegenüber dem Münchner Polizeipräsidenten, er las auf Kundgebungen der Roten Hilfe aus seinen Werken und er leitete ein Aktionskomitee für die Freiheit der in den USA zum Tode verurteilten Anarchisten Sacco und Vanzetti.[3] Darüber hinaus verbanden ihn zum Teil enge Freundschaften mit führenden Aktivisten der Hilfe wie den Rote Hilfe-Sekretären Willy Fischer und Max Holy und den immer wieder auf Versammlungen der Hilfsorganisation auftretenden KPD-Funktionären Fritz Dressel, Sepp Götz und Wilhelm Olschewski.[4]

Von der Münchner Frauenhilfe zur Roten Hilfe Deutschlands

München kann als die Geburtsstadt der Roten Hilfe in Deutschland gelten. Hier gründeten nach der blutigen Niederschlagung der Räterepublik im Frühjahr 1919 Frauen wie die Unabhängige Sozialdemokratin Rosa Aschenbrenner die »Frauenhilfe für politische Gefangene«. Finanziell getragen vom Münchner Gewerkschaftsverein, unterstützte die karitativ tätige Frauenhilfe, in deren Leitung je zwei Kommunistinnen, Mehrheits- und Unabhängige Sozialdemokratinnen, paritätisch vertreten waren, die inhaftierten Räterepublikaner und ihre Familien mit Geld, Lebensmitteln, Kleidung, Kinderspielzeug und Zigaretten. Als 1921 nach der Niederschlagung des kommunistischen Märzaufstandes im mitteldeutschen Industrierevier um Halle-Merseburg wieder eine Massenverfolgung von Revolutionären einsetzte, rief der kommunistische Reichstagsabgeordnete Wilhelm Pieck im KPD-Zentralorgan »Rote Fahne« zur Bildung von Rote-Hilfe-Komitees auf. Nach dem gescheiterten Hamburger Aufstand im Oktober 1923 wurden diese Komitees zusammen mit der KPD verboten. Daraufhin beschlossen die Bezirksvertreter der Roten Hilfe Ende 1924, reichsweit eine von der Kommunistischen Partei getrennte Mitgliederorganisation der Roten Hilfe neu zu gründen.[5]

---

[3] Bauer: Graf, 196f.
[4] Zur Freundschaft mit Willy Fischer siehe Bauer, Graf, 145.
[5] Zur Geschichte der Roten Hilfe Deutschlands siehe: Brauns: Schafft Rote

In ihrem Statut definierte sich die neu gegründete Rote Hilfe Deutschlands (RHD) als »eine überparteiliche Hilfsorganisation zur Unterstützung a) der proletarischen Klassenkämpfer, die wegen einer aus politischen Gründen begangenen Handlung oder wegen ihrer politischen Gesinnung in Haft gekommen sind; b) der Frauen und Kinder von inhaftierten, gefallenen oder invaliden Klassenkämpfern des Proletariats«.[6] So umfasste die Mitgliedschaft der RHD neben Kommunisten, die durchgängig alle wichtigen Führungspositionen innehatten, auch einzelne Anarchisten wie den im Dezember 1924 aus der bayerischen Festungshaft entlassenen Dichter Erich Mühsam und seinen damaligen Dresdner Gefolgsmann Herbert Wehner, Sozialdemokraten, Linksliberale und vor allem Parteilose.[7] Die Zahl offiziell bekannter sozialdemokratischer Mitglieder ging dabei aufgrund eines vom SPD-Vorstand verkündeten Unvereinbarkeitsbeschlusses mit der »kommunistischen« Roten Hilfe niemals über etwa ein Prozent der Mitgliedschaft hinaus. Die Rote Hilfe sammelte Geld und Lebensmittel für die Familien politischer Gefangener aus der Arbeiterbewegung und stellte Rechtsanwälte bei politischen Prozessen. Politischen Flüchtlingen etwa aus dem faschistischen Italien vermittelte die Rote Hilfe Arbeit und wenn nötig auch falsche Ausweispapiere. Unterstützt wurden proletarische – also linke und klassenkämpferische – politische Gefangene und deren Familien ungeachtet ihrer Parteizugehörigkeit. So führte die Rote Hilfe in den 20er Jahren Massenkampagnen für die Freilassung des »deutschen Robin Hood« Max Hoelz und Anfang der 30er Jahre für den von den Nazis zur KPD übergewechselten Reichswehrleutnant Richard Scheringer und den Bauernführer Claus Heim sowie Dutzende sozialdemokratische Reichsbannerkame-

---

Hilfe! Geschichte und Aktivitäten der proletarischen Hilfsorganisation für politische Gefangene (1919–1938), Bonn 2003; Sabine Hering/Kurt Schilde (Hg.): Die Rote Hilfe – Die Geschichte der internationalen kommunistischen »Wohlfahrtsorganisation« und iher sozialen Aktivitäten in Deutschland (1921–1941), Opladen 2003.

[6] Bericht über die Verhandlungen der I. Reichstagung der RHD, Berlin 1925, S. 102–104, dokumentiert in: Hering/Schilde, Rote Hilfe, 277.

[7] Zum widerspruchsvollen Verhältnis von Anarchisten zur Roten Hilfe siehe Nikolaus Brauns: Einigung des revolutionären Proletariats ... in der Roten Hilfe: Rätekommunisten, Syndikalisten, Anarchisten und die Rote Hilfe, in: Mühsam-Magazin 10/2003, 85–103.

raden, die nach Kämpfen mit der SA angeklagt wurden und von der SPD keine Hilfe erhielten.

Die Rote Hilfe in Bayern

Aufgrund scharfer polizeilicher Verfolgung, aber auch der ländlichen Struktur des Landes, das außerhalb der wenigen großen Städte über keine langjährig gewachsene Arbeiterbewegung verfügte, ging der Aufbau in Bayern im Vergleich zum Reich schleppend voran. Dennoch verfügte die RHD rund ein Jahr nach ihrer Gründung in Nordbayern bereits über 53 und in Südbayern über 31 Ortsgruppen mit zusammen 4430 Einzelmitgliedern, darunter 512 Frauen. Dazu kamen noch mehrere kollektiv angeschlossene Verbände wie Arbeitersportvereine, Betriebsbelegschaften oder Gruppen des Kommunistischen Jugendverbandes, die zusammen 2101 Personen vertraten. Parteilose und Kommunisten hielten sich die Waage, bekennende Sozialdemokraten fanden sich nur wenige Dutzend.[8]

Der 1. Landeskongress der seit Februar 1927 in einem gemeinsamen Bezirk zusammengelegten Roten Hilfe Bayerns im Mai 1927 musste noch illegal tagen. Der zweite Landeskongress am 6. und 7. Oktober 1928 wurde dagegen zur öffentlichen Erfolgskundgebung der bayernweit auf 100 Ortsgruppen mit fast 7000 Mitgliedern angewachsenen Roten Hilfe.[9] Die Stimmung schildert der Korrespondent der kommunistischen »Neuen Zeitung«: »Schon lange vor Beginn strömten trotz Oktoberfestes die Arbeiter in den Bürgerbräukeller, um an der Begrüßung der Delegierten teilzunehmen. Pünktlich um 8 Uhr wurde mit der Abwicklung des Programms begonnen.« Xaver Freiberger vom Landesvorstand der Roten Hilfe begrüßte die Delegierten und Gäste, darunter den Sekretär des Zentralvorstandes der RHD Jacob Schlör aus Berlin, den Sekretär der Roten Hilfe der Schweiz Willy Trostel aus Zürich, Vertreter der RH Baden-Württembergs, der Kommunistischen Fraktion im Bayerischen Landtag, der

---

[8] Die Organisation der RHD im Januar 1926, Der Rote Helfer Nr 4, 1. April 1926.
[9] Dazu kamen noch 11 Kollektivmitgliedschaften – also Arbeitersportvereine, Kulturorganisationen, Gewerkschaftsgliederungen, Betriebsbelegschaften etc. – die weitere 1871 Mitglieder umfassten.

KPD, des Roten Frontkämpferbundes und des Kommunistischen Jugendverbandes. Die Delegierten wählten ein symbolisches Ehrenpräsidium, dem neben der Vorsitzenden der Internationalen Roten Hilfe, der altehrwürdigen Kommunistin und Frauenrechtlerin Clara Zetkin, eine Reihe politischer Gefangener aus aller Welt angehörten, darunter der wegen Mordes zu mehr als 25 Jahren Haft verurteilte deutsche Kommunist Rudolf Margies, die langjährig in den USA inhaftierten Arbeiteraktivisten Warren Billings und Tom Mooney, die von Mussolini in die Verbannung geschickten italienischen Kommunisten Amadeo Bordiga und Antonio Gramsci, die in Ungarn zu Zuchthaus verurteilten beziehungsweise wegen Hochverrats angeklagten Linkssozialdemokraten Rakosi und Szantó, der in Polen zu sechs Jahren Zuchthaus verurteilte kommunistischen Abgeordnete Lanzuzki sowie die Frau des chinesischen Nationalrevolutionärs Sun Yat Sen.

Die laut Zeitungsbericht rund 2000 Anwesenden auf der Eröffnungskundgebung gelobten in per Akklamation verabschiedeten Telegrammen an Rudolf Margies und andere Gefangene, weiter für deren Freiheit zu kämpfen. Anschließend sprach der Generalsekretär der RHD Schlör über die laufende Amnestiekampagne und die Kritik der Roten Hilfe an einer von der Reichsregierung geplanten Verschärfung des Strafgesetzbuches. Trostel von der Schweizer Roten Hilfe betonte, internationale Solidarität dürfe nicht als Almosen aufgefasst werden, sondern als ein Gelöbnis zum Kampf für die Befreiung der proletarischen politischen Gefangenen und des Proletariats überhaupt. So hatte die RH der Schweiz die Patenschaft über bayerische politische Gefangene in Straubing und Landsberg übernommen.

»Der Arbeiterdichter Oskar Maria Graf begrüßte unter großem Beifall die Delegierten mit einem die Solidarität, das Kampf- und Klassenbewusstsein der Roten Helfer aufrüttelnden Prolog.« Das abendliche Kulturprogramm bestand aus Darbietungen mit »durchwegs rein proletarischem Kampfcharakter«, darunter eine Schalmeienkapelle und Arbeiterlieder des Männerchors ›Arion‹. Der Sängerchor ›Freiheit‹ führte sein satirisches Quartett »SPD-Manns Los« zum Panzerkreuzerbau auf.[10]

[10] Der II. Landeskongreß der roten Hilfe Bayern, Der Rote Helfer Nr. 10, November 1928, 16.

Ein Genosse übergab dem Kongress ein aus Russland mitgebrachtes Leninbild und ein anderer Genosse pries die Rote Hilfe in einem Prolog als »Sonne« der politischen Gefangenen hinter Kerkermauern. »Alles in allen war die Eröffnungskundgebung ein voller Erfolg und ein lebhafter Beweis dafür, dass keinerlei Schikanen verhindern können, dass die praktische Solidarität des kämpfenden Proletariats, die Rote Hilfe, sich mehr in den Hirnen der Münchner und bayerischen Arbeiterschaft verwurzelt hat.«[11]

Am zweiten Tag ihrer Konferenz versammelten sich die Delegierten im Kreuzbräu. Die Bilanz war positiv. Seit Februar 1927 hatte die bayerische Rote Hilfe insgesamt 50.000 Mark für die Unterstützung politischer Gefangener und ihrer Familien sowie für die Hinterbliebenen der bei der Niederschlagung der Räterepublik 1919 gefallenen Genossen ausgegeben. »Fünfhunderttausend Arbeitergroschen, die einmal von Arbeitern schwer verdient und von den Funktionären, den Roten Helfern unter ungeheurer Aufopferung vollkommen ehrenamtlich zusammengeholt wurden, sie zeugen von der Kraft der Solidarität der kämpfenden Arbeiterklasse, den weder die im Kampf der SPD gegen die Rote Hilfe zum Ausdruck gekommenen Borniertheit, noch die Knüppelgarden der bayerischen Polizei verhindern konnten«,[12] heißt es im Rechenschaftsbericht des Sekretärs der Roten Hilfe Bayern, Willy Fischer.[13] Unterstützt wurden 30 Frauen und 50 Kinder sowie 16 Gefangene, die außerdem noch Beihilfen in Form von Lebensmitteln und Kleidung erhielten. Unter den Zuwendungsempfängerinnen war auch Else Eisner, die Witwe des 1919 ermordeten bayerischen Ministerpräsidenten Kurt Eisner. Weil ihre gesetzliche Rente 1923 gestrichen worden war, zahlte ihr die Rote Hilfe eine monatliche Unterstützung.[14] Kindern bayerischer politischer Gefangener waren mehrwöchige Aufent-

---

[11] Die Rote Hilfe marschiert, NZ 11.Oktober 1928.
[12] Dem Rote Hilfe-Kongreß zum Gruß, NZ 16.Oktober 1928.
[13] Willy Fischer (1904 – 1951), kaufmännischer Angestellter, bis 1930 Mitglied der KPD, nach Ausschluss 1930 Eintritt in die SPD, 1934 wegen Verdachts auf »Vorbereitung zum Hochverrat« 7 Monate Haft; 1946–1949 Landtagsabgeordneter der SPD in Bayern, 1949 bis 1951 Bundestagsabgeordneter.
[14] Die Ermordung Eisners, Der Rote Helfer 3 März 1928, 14.

halte in den Kindererholungsheimen der Roten Hilfe, dem Barkenhoff in Worpswede bei Bremen und dem MOPR-Heim im thüringischen Elgersburg, ermöglicht worden. Rund 60 kommunistischen Funktionären und einer Reihe von Arbeitern, die aufgrund ihrer politischen Aktivitäten angeklagt wurden, hatte die bayerische Rote Hilfe Rechtsanwälte gestellt.[15]

Sozialdemokraten, Kommunisten und Parteilose

Einer der bekanntesten unter den Mitgliedern und Agitatoren der Roten Hilfe in München war Xaver Freiberger. Seit 1903 gehörte der Möbeltischler dem Deutschen Holzarbeiterverband und der Sozialdemokratischen Partei an. In den 20er Jahren war er Vorsitzender des Zentralrats der Betriebsräte Münchens.[16] Im Sommer 1925 hatte Freiberger als Leiter einer Delegation von 58 deutschen Gewerkschaftern in die Sowjetunion teilgenommen und war deswegen 1926 aus der SPD ausgeschlossen worden. Freiberger gehörte 1927 dem provisorischen Landesvorstand der Roten Hilfe in Bayern an und wurde auf der Zweiten Reichskonferenz der RHD im Mai 1927, die unter dem Motto »Sozialdemokraten, parteilose Arbeiter und die Rote Hilfe« stand, ins Präsidium gewählt.[17] Seine Mitgliedschaft in der Roten Hilfe begründete Freiberger mit den Erfahrungen seiner Russlandfahrt: »Auf unserer Studienreise durch Sowjet-Russland besuchten wir eine große Anzahl von Betrieben. Überall fanden wir Einrichtungen und Hinweise mit der Inschrift: ›Gedenket der Opfer der kapitalistischen Klassenjustiz‹, ›Werdet Mitglieder der Internationalen Roten Hilfe!‹ Wer die Verhältnisse in Sowjet-Russland objektiv prüft, der begreift und versteht den Hass der gesamten kapitalistischen Klasse gegen diesen Arbeiter- und Bauernstaat. Mit unerbittlichem Hass und Terror verfolgt die Bourgeoisie alle jene, welche das Grundübel all unseres Massenelends in der heutigen kapitalistischen Wirtschaftsordnung erblicken und deren Beseitigung anstreben. Zu Tausenden sitzen sie in den Gefängnissen, in den Zuchthäusern, wurden gepeinigt, gefoltert,

---

[15] Dem Rote Hilfe-Kongreß zum Gruß, NZ 16.Oktober 1928.
[16] Geb. 9.Februar 1878 in Apfeltrach; Einheitskomitee, Rußland, 8f.
[17] RHD, Sozialdemokraten, 9.

gehenkt, nur auf Grund dieser ihrer ehrlichsten Überzeugung. All diesen Opfern des Klassenterrors beizustehen, in ihnen das Bewusstsein zu stärken, dass ihre Klassengenossen sie auch in ihrer tiefsten Not nicht vergessen, wurde die Rote Hilfe geschaffen.« Freiberger zeigte sich zuversichtlich, dass noch zahlreiche sozialdemokratische Arbeiter für die Rote Hilfe zu gewinnen seien: »Auf Grund ihrer Tätigkeit lässt sich die Überparteilichkeit der Roten Hilfe einwandfrei nachweisen. Es sind in ihr wirklich keine Parteifragen zu entscheiden, keine taktischen Meinungsverschiedenheiten auszutragen.«[18]

Dies sollte sich bald als Illusion entpuppen. Denn 1928/29 machten sich die Richtungskämpfe innerhalb der KPD auch in der Roten Hilfe bemerkbar. Langjährige führende Funktionäre, die der so genannten »rechten« Opposition um den 1924 abgesetzten Parteivorsitzenden Heinrich Brandler nahestanden, darunter der RHD-Generalsekretär Jacob Schlör, wurden auf Initiative des RHD-Vorsitzenden Wilhelm Pieck zuerst ihrer Posten enthoben und anschließend aus der RHD ausgeschlossen. Die Übertragung der Linienkämpfe der KPD auf die Rote Hilfe stürzte die Organisation in eine schwere Krise. In den Augen vieler parteiloser Arbeiter und Intellektueller hatte die Rote Hilfe viel von ihrer Glaubwürdigkeit als überparteiliche Organisation eingebüßt, viele wandten sich enttäuscht ab. Die RHD wurde nun völlig dem Kurs des von Ernst Thälmann geführten Zentralkomitees der KPD untergeordnet, trommelte bei Wahlkämpfen offen für die Wahl der KPD und übernahm auch die verhängnisvolle These vom »Sozialfaschismus« der Sozialdemokratie. Dies dürfte ebenso stark wie der von SPD-Seite bestehende Unvereinbarkeitsbeschluss mit der Roten Hilfe dazu geführt haben, dass kaum aktive Sozialdemokraten der Hilfsorganisation beitraten. Der ehemalige Sozialdemokrat Xaver Freiberger trat allerdings 1929 der KPD bei und wurde Landesvorsitzender der Roten Hilfe in Bayern.[19]

[18] Sozialdemokratische Arbeiter und revolutionäre Intellektuelle über die Rote Hilfe, Roter Helfer 4/1927, 7.
[19] HStA M Plakatsammlung Nr 7862, Juli 1932, Öffentl. Wählerversammlung am Samstag, 2.Juli abds. 8 U. im Festsaal der Mathäserbierhallen zum Thema: Proletarische Einheit gegen Faschistische Diktatur spricht: Xaver Freiberger, Vorsitzender der Roten Hilfe Bayern.

In München scheint die Rote Hilfe 1929 bereits straff auf Partei-Linie gewesen zu sein. So meldet die »Neue Zeitung«, dass auf der Generalversammlung der Münchner Roten Hilfe im April 1929 die Ausführungen des politischen Leiters der KPD Südbayern Albert Buchmann, »weshalb die Genossen Schlör, Altwein, E[h]lers und Korbmacher aus der Leitung der Roten Hilfe entfernt wurden«, mit großem Beifall aufgenommen wurden. Ohne Diskussion und einstimmig sei der Antrag beschlossen worden, die Genannten »wegen ihrem organisationsschädigenden Verhalten, ihrer Fraktionsarbeit« aus der Roten Hilfe auszuschließen. Auch sonst folgte die Versammlung offenbar widerspruchslos der Leitung. Trotz wiederholter Aufforderung fand keine Diskussion über den Rechenschaftsbericht des Vorsitzenden Spielberger über die laufenden Arbeiten der Münchner Roten Hilfe oder den Kassenbericht statt, und die bisherige Ortsleitung wurde mit nur einer Gegenstimme erneut gewählt.[20]

Auf Bezirksebene sorgten die Linienkämpfe noch im Frühjahr 1930 für Unruhe, wie einem Spitzelbericht der politischen Polizei an das Reichsinnenministerium zu entnehmen ist. Nachdem es auf der Generalversammlung der Augsburger Roten Hilfe im Februar 1930 sogar »blutige Köpfe« bei sehr erregten Auseinandersetzungen zwischen den KPD-Stadträten Hans Beimler und Sepp Wagner sowie ausgeschlossenen Parteimitgliedern gegeben hatte, machten sich auch am 30. März 1930 in München auf einer Konferenz des Bezirksvorstandes der Roten Hilfe Bayern mit den Arbeitsgebietsleitern die »innerparteilichen Gegensätze stark bemerkbar«. Ein großer Teil der 25 anwesenden Funktionäre erklärte sich mit dem Anfang 1930 zusammen mit anderen Anhängern des rechten Parteiflügels aus der KPD ausgeschlossenen bayerischen Landtagsabgeordneten Franz Xaver Büchs[21] solida-

---

[20] Generalversammlung der Roten Hilfe München, NZ 9.April 1929.
[21] Franz Xaver Büchs, geb. 18.April 1889 in Augsburg, gelernter Schlosser, kam von der SPD über die USPD 1920 zur KPD. 1924 und 1928 in den Bayerischen Landtag gewählt. Nach seinem Parteiausschluss kurzfristig in der KPD (Opposition), dann in der SPD, für die er bis 1932 im Landtag blieb. Eröffnete 1933 in Nürnberg ein Zigarrengeschäft. Von den Nazis mehrfach verhaftet und misshandelt, 1940 von der Gestapo ermordet.

risch. Der bisherige Landessekretär der Roten Hilfe Willy Fischer trat freiwillig von seinem Posten zurück, da er sich in ständigem Zwist mit der Parteibezirksleitung befand. Sein Nachfolger wurde Max Holy.[22]

Aufgrund der internen Auseinandersetzungen, aber auch durch eine Bereinigung der Mitgliederbestände um säumige Zahler sank die Zahl bayerischer Roter Helfer im Jahr 1929 auf unter 6000. Doch ab 1930 begann ein steiles Wachstum.[23] Bei ihrer südbayerischen Bezirkskonferenz – der Bezirk Bayern war 1932 wieder in einen nord- und einen südbayerischen Bezirk geteilt worden – am 10. und 11. September 1932 in München wurden die neuen Erfolge bekannt gegeben. Seit 1930 hatten die südbayerischen Roten Helfer 42.870 Mark an Bargeld für Familien- und Gefangenenunterstützung gesammelt, 760 Lebensmittel- und Kleidungspakete verschickt und 38.000 Mark für Rechtsschutz gezahlt. In Südbayern hatte sich die Zahl der Einzelmitglieder von 3000 auf über 11.500 vermehrt und die Zahl der Ortsgruppen von 40 auf 130. Allein in den Sommermonaten Juli und August 1932 waren 2000 neue Mitglieder in die Rote Hilfe Südbayern eingetreten und 24 neue Ortsgruppen wurden gebildet worden.[24] Allerdings herrschte zu dieser Zeit auch eine extrem starke Fluktuation der Mitglieder in allen KPD-nahen Massenorganisationen.

Die Gründe für das rasante Wachstum der Roten Hilfe seit 1930 sind vielfältig. Zum einen setzte die nun straff durchorganisierte Rote Hilfe auf gezielte Mitgliederwerbekampagnen. Doch vor dem Hintergrund der Wirtschaftskrise und der zunehmenden gewaltsamen Auseinandersetzungen zwischen links stehenden Arbeitern, Nazis und der Polizei bewies die Rote Hilfe immer mehr Arbeitern ihre praktische Nützlichkeit. In Bayern verdankte die Rote Hilfe ihr Wachstum auch ihrem unermüdlich tätigen Sekretär Max Holy, der im April 1930 seinen im Zuge innerparteilicher Linienkämpfe aus der KPD und wohl auch

---

[22] Lagebericht München Rote Hilfe vom 8.April 1930, BA R 1501 (StIO) 211–2 Bl.76.
[23] Mitgliederzahlen vom 1.4.1929 bis 31.3.1931, SAPMO RY I 4/4/17, 249.
[24] Rote Hilfe im Vormarsch, NZ 10.9.1932.

der Roten Hilfe ausgeschlossenen Vorgänger Willy Fischer abgelöst hatte. Neben einem Instrukteur aus Nürnberg, der die Ortsgruppen politisch anleitete, und einer Stenotypistin war der 1894 geborene Eisenbahnarbeiter Holy, dem die Organisation ein Nettogehalt von 350 RM bezahlte, der einzige Hauptamtliche der Roten Hilfe in Bayern.[25] »Ich sehe ihn noch vor mir, diesen unerschrockenen Mann in meinen Jahren, mager bis auf die Knochen, die zerwetzte Lederjacke hing an ihm, und immer trug er alte Militärschuhe und Wickelgamaschen, denn die meiste Zeit ist er auf seinem Motorrad unterwegs zu den Zellen und Gruppen und einzelnen Genossen auf dem Land«, beschrieb Oskar Maria Graf seinen engen Freund. »Sein hohlwangiges Gesicht ist mit Sommersprossen übersät, spitz ragt seine schmale Nase daraus, scharf, wie gewaffnet, ist der Blick seiner leicht wässerigen blauen Augen und seine kurz geschorenen Löckchen sind schon ergraut. Er nimmt nicht für sich ein; er ist zu direkt, zu phrasenlos nüchtern; und alles was er sagt, klingt stets ein wenig ironisch; aber wo er auftaucht, stellt sich das Vertrauen wieder ein bei den Schwankenden. Parteigläubige Zuversicht regt sich wieder. Alle Nazis kannten Max und hassten ihn grimmig.«[26]

Holys besondere Bemühungen galten den parteilosen Rote Hilfe-Mitgliedern, die 1932 zwei Drittel der südbayerischen Gesamtmitgliedschaft ausmachten. Sie waren – wie Holy auf einem Bezirksparteitag der KPD ausdrückte – »in ihrer übergroßen Zahl zur Roten Hilfe aus dem Gedanken der Hilfe, der Solidarität« beigetreten, aber »nicht so sehr aus einer kämpferischen Einstellung heraus«. Es sei die Aufgabe der Partei, »diese Massen umzuformen, dass sie erkennen, dass sie den Kampf gegen dieses System führen müssen«. Offiziell sollten die KPD-Mitglieder innerhalb der Roten Hilfe kommunistische Fraktionen bilden, um auf diese Weise die Linie der Partei in der Massenorganisation umzusetzen. In der Praxis bestanden in Bayern noch große Mängel. Entweder gab es gar keine organisierten kommunistischen Fraktionen oder aber diese Fraktionen

---

[25] Wilhelm Pieck, Personalliste der Bezirke der RHD, Juni 1930, SAPMO NY 4036/596.
[26] Graf, Gelächter, 467.

betrachteten sich als »Aufsichtsorgan«. Holy kritisierte diese bürokratische Auffassung scharf. »Die Fraktionen haben die Aufgabe der Schulung, die Aufgabe des guten Beispiels, nicht des Befehls. Es ist zwecklos zu befehlen, denn diese freiwillig zusammengekommenen Massen lassen sich nicht befehlen. Es ist notwendig, sie zu überzeugen durch die Richtigkeit unserer Politik, dass sie uns in der Politik auch folgen.«[27]

Das rote Feldmoching

Im Stadtgebiet von München verfügte die Rote Hilfe 1929 über mindestens 11 Wohngebietsgruppen in der Altstadt, Schwabing, Giesing/Au, Haidhausen, Nord (Ludwigsvorstand/Maxvorstadt), Neuhausen, Schlachthofviertel, Obersendling, Untersendling sowie gleich zwei Gruppen im Westend.[28] Dazu kamen weitere Gruppen in selbstständigen Vorortgemeinden wie Pasing, Freimann, Allach und Denning.

Eine herausragende Stellung nahm die lange Zeit stärkste und aktivste bayerische Ortsgruppe der Roten Hilfe in Feldmoching ein. Allein im August 1932 gewannen die Feldmochinger zu ihren bisherigen 189 Mitgliedern weitere 100 dazu.[29] Durch die Industrialisierung hatte sich die soziale Struktur des einstigen Bauerndorfes Feldmoching am Stadtrand von München im ersten Viertel des Jahrhunderts radikal verändert. Großbetriebe wie BMW und Südbremse am nördlichen Industriegürtel Münchens zogen Arbeiter an, die in den neuen Kolonien Fasanerie, Lerchenau und Harthof am südlichen Rand des Feldmochinger Gemeindegebiets angesiedelt wurde. Feldmoching war Wohnsitz zahlreicher kommunistischer Funktionäre wie des Vorsitzenden der KPD-Landtagsfraktion Fritz Dressel. Auch Max Holy wohnte hier zusammen mit seinen Schwestern, einem Bruder, seiner Mutter und seiner Frau in einem kleinen Häuschen.[30] Ein

---

[27] Unsere Arbeit in der Roten Hilfe, NZ 3.12.1932.
[28] Vereinskalender, NZ 7.Juni 1929.
[29] Unsere Besten!, NZ 10.September 1932.
[30] Graf schreibt fälschlich, Holy habe in Freimann gewohnt, einem ebenfalls im nördlichen Münchner Industriegürtel gelegenen Stadtteil, Graf, Gelächter, 467. Eine Liste des Polizeispitzels Max Troll alias Theo mit allen ihm bekannten kommunistischen Illegalen in München nennt eine

von der Feldmochinger Gendarmerie angefertigtes »Verzeichnis über die bekannt gewordenen KPD-Funktionäre in der Gemeinde Feldmoching vor dem 5.3.1933« nannte 44 Namen. Rund die Hälfte der Genannten stand in engen verwandtschaftlichen Beziehungen zueinander.[31] Die KPD überflügelte in den 20er und frühen 30er Jahren die SPD bei fast allen Gemeinde- Landtags- und Reichstagswahlen in der rund 3000 Einwohner zählenden Gemeinde weit und wurde zur Landtagswahl am 24. April 1932 mit 31 Prozent sogar stärkste Partei in der Gemeinde. Dazu beigetragen hatte sicherlich, dass Feldmoching damals die prozentual höchste Arbeitslosenzahl in ganz Bayern aufwies.[32]

Gummiknüppel gegen Gottesfrevler

Das Mit- und Gegeneinander von traditionell katholischem Bauernmilieu und kommunistischem Arbeitermilieu in Feldmoching und die gemeinsame Abneigung gegen die städtische Obrigkeit verdeutlicht eine Episode aus dem Jahr 1930. Am Ostersonntag führte der katholische Burschenverein Feldmoching auf Geheiß des örtlichen Pfarrers das Theaterstück »Der Gottesfrevler« auf. Offenbar hatte sich auch einige Jungkommunisten unter das Publikum gemischt, denn »die Gemüter der Burschen wurden durch dieses Theaterstück so angeregt, dass sie unmittelbar nach der Vorstellung unter sich den Kampf gegen die Gottesfrevler erprobten und sich wie üblich tüchtig in die Haare gerieten.« Der Pfarrer rief die Gendarmerie zur Hilfe. Als so ein »kleines Hubertchen in seiner Herzensangst zum Revolver griff« und einen Schuss auf die Burschen abfeuerte, legten diese schnell ihre Streitigkeiten bei und bildeten eine einheitliche Front gegen die Polizei. Die Gendarmen wurden zurück in ihre Polizeistation gejagt und dort regelrecht belagert. Aus München anrückende Überfallkommandos jagten anschließend wahllos die aus den Wirtshäusern heimkehrenden Gäste durch die Straßen. »Doch sonderbar, der Gummiknüppel schaffte die Einheit zwischen

---

Lerchenstraße in Freimann als Wohnort der Familie Holy. Die Lerchenstraße liegt allerdings auch in Feldmoching, Detjen, Staatsfeind, 87.
[31] Broszat, Bayern, 72.
[32] Kulturhistorischer Verein Feldmoching.

Arbeitern und Bauern. Die Flüchtenden wurden in allen Häusern aufgenommen und die Türen vor den anstürmenden Kosaken verrammelt. Die Internationale und Heil-Moskau-Rufe ertönten sowohl aus Arbeiter- wie aus Bauernhäusern.« Als die Polizisten das Feuer eröffneten, wurden sie nach eigenen Angaben aus den umliegenden Häusern beschossen. »Zum Teufel!«, rief ein Polizeioffizier, »Da ist's ja schlimmer wie in Giesing, da sind ja auch schon die Bauern verseucht!« Bis vier Uhr früh dauerten die Auseinandersetzungen an. Am Ende wurden zwei Jungkommunisten festgenommen, dem einen war dabei noch das Nasenbein zertrümmert worden. KPD und Rote Hilfe verzeichneten anschließend acht Neuaufnahmen in Feldmoching. »Unser Pfarrer hat wirklich Pech mit seinen Maßnahmen. Mit dem Gummiknüppel gewinnt man keine Christen, sondern schlägt sie zu Kommunisten.«[33]

Zirkus und Bierkeller und Friedhof

Neben regelmäßigen Stadtteilversammlungen in den Hinterzimmern von Wirtschaften führte die Rote Hilfe in München öffentliche Kundgebungen mit Tausenden von Teilnehmern durch. Die Großveranstaltungen fanden meist in den bekannten Bierkellern der Stadt statt, die auch von den anderen Parteien und Organisationen genutzt wurden. Dies waren der Bürgerbräukeller in der Haidhauser Rosenheimerstraße, in dem Hitler 1923 zum Marsch auf Berlin getrommelt hatte und der Mathäserbräu beim Hauptbahnhof, wo Kurt Eisner am Abend des 7. November 1918 den Freistaat Bayern ausgerufen hatte. Auch das im Frühjahr 1919 für den Zirkus Krone in Holzbauweise errichtete Zirkusgebäude am Marsfeld war mit seinen über 4000 Sitzplätzen ein beliebter Versammlungsort. Themen solcher Versammlungen waren meist laufende Amnestiekampagnen für die politischen Gefangenen oder die Unterstützung von Wahlkämpfen der KPD. Im April 1926 sprach der Leiter der Juristischen Zentralstelle der KPD-Reichs- und Landtagsfraktionen Professor Felix Halle im Löwenbräukeller über die von der

---

[33] Polizeiliche Hetzjagd in Feldmoching, NZ 23.4.1930; Kommunistenangriff auf Gendarmerie, MZ 24.4.1930.

Reichsregierung geplanten Änderungen des Strafgesetzbuches. Einen Schwerpunkt von Halles Vortrag zum »Zuchthaus-Gesetz« bildete die drohende Verschärfung des Abtreibungsverbots durch den §218.[34]

Rund 2000 Arbeiterinnen und Arbeiter erschienen laut dem Bericht der Neuen Zeitung zu einer Wahlkundgebung der Roten Hilfe am Samstag 6. September 1930 im Zirkusgebäude am Marsfeld. Der Eintritt zu der abendlichen Kundgebung »gegen Klassen-Justiz, Polizeiterror, Zuchthausgesetze, Diktaturparagraphen« betrug 30 Pfennig. Erwerbslose zahlten nur 10 Pfennig.[35] Polizisten beschlagnahmten bei Kontrollen nicht nur Taschenmesser, sondern auch eine Mundharmonika als »Waffe«. Nachdem Max Holy in seiner Eröffnung auf die Situation der bayerischen politischen Gefangenen hingewiesen hatte ging der Hauptredner, der kommunistische Reichstagsabgeordnete Ottomar Geschke, zugleich Mitglied im Zentralvorstand der Roten Hilfe, auf die »Rechtsknebelung« der bayerischen Regierung gegen Kommunisten ein: »Deutschland ist eine Demokratie, Bayern eine Sonderdemokratie, die sich immer mehr den faschistischen Methoden in den Balkanländern anpasst«, so Geschke. Wer am 14. September Kommunisten wähle, bekenne: »Ich kämpfe mit der Roten Hilfe und mit der KPD gegen den Polizeiterror und für eine proletarische Justiz, die nur in dem Lande möglich ist, in dem die Arbeiterklasse die Macht hat.« Geschke schloss eine Rede mit dem Ausspruch: »Lieber in den Flammen der Revolution verbrennen, als im Pesthauch des Kapitalismus verfaulen!«[36] Berittene Polizei provozierte die Kundgebungsteilnehmer beim Verlassen des Zirkusgebäudes.

Zum Reichstagswahlkampf im Juli 1932 veranstaltete die Rote Hilfe vier öffentliche Wählerversammlungen gleichzeitig in verschiedenen Stadtteilen. In den Kolosseums-Bierhallen war der ehemalige Räterepublikaner Willi Olschewski als Redner ange-

---

34 Bay.HstA München Plakatsammlung Nr 15683, April 1929.
35 Bay. HStA M Plakatsammlung Nr. 7804, Femermörder frei! Proletarier im Zuchthaus«, September 1930.
36 Die Massenkundgebung der RH., Ifa und Arso in München, NZ 8.9.1930.

kündigt, in den Ammanns-Bierhallen am Ostfriedhof Heinrich Suderland, in der Schwabinger-Brauerei an der Feilitzschstraße Max Holy und im Arzbergerkeller an der Nymphenburger/Ecke Sandsstraße Tom Waibel von Zentralvorstand der RHD. Der RHD-Reichssekretär Josef Miller sollte hintereinander in allen diesen Versammlungen sprechen.[37]

Auf Feierlichkeiten gedachte die Rote Hilfe der Märtyrer der Revolution. In München standen dabei die Opfer der Niederschlagung der Räterepublik in den blutigen Maitagen 1919 im Vordergrund. Ein passender Ort für solche Gedenkfeiern der Arbeiterbewegung war der im Mai 1922 auf dem Münchner Ostfriedhof von den Gewerkschaften errichtete Gedenkstein für Kurt Eisner und die »Toten der Revolution«. Anfang der 30er Jahre erinnerte die Rote Hilfe an Eugen Leviné, den am 5. Juni 1919 hingerichteten kommunistischer Führer der bayerischen Räterepublik. »Wir Kommunisten sind Tote auf Urlaub« – dieser Ausspruch aus Levinés Verteidigungsrede vor dem Standgericht diente als Motto der Gedenkfeiern, auf denen diese Rede zusammen mit Artikeln und Gedichten Levinés rezitiert wurde. Vertreter der Roten Hilfe erläuterten die Lehren der bayerischen Revolution und verwiesen auf die Opfer des »weißen Terrors«: »Wenn der Kampf auch noch so viele Opfer fordern wird, die Diktatur des Proletariats ist die einzige Möglichkeit, um die Menschheit aus diesem Joch des Kapitals zu befreien und die Bahn zum Aufbau des Sozialismus freizumachen. Die Solidarität, die Tätigkeit der Roten Hilfe ist ein mächtiger Verbündeter in diesen Kämpfen. In diesem Sinne begehen wir die Leviné-Feiern.«[38]

Die Rote Hilfe ehrte mit Kranzniederlegungen auch 52 nach der Niederschlagung der Räterepublik von Freikorps in einer Kiesgrube bei Gräfelfing niedergemetzelte russische Kriegsgefangene.[39] Seit April 1921 erinnerte ein auf Initiative der Münchner Bäcker-Innung aufgestelltes Grabdenkmal an das Massaker.

[37] HStA M Plakatsammlung Nr. 15307, Öffentliche Wählerversammlungen am Freitag den 8.Juli, 1932. Ob all diese Versammlungen auch stattfanden oder einem der häufigen Verbote zum Opfer fielen, konnte nicht geklärt werden.
[38] Leviné-Gedenkfeier, SAPMO RY1/I/4/4/20 Bl.100.
[39] Der Rote Helfer, September 1928.

In deutscher und russischer Sprache heißt es dort: »Wanderer, wer du auch seist, wünsche ihnen eine sanfte Ruhe. War denn nicht auch von ihnen jeder einer Mutter Sohn!« In den 30er Jahren zerstörten die Nazis die Grabstätte und entfernten das Denkmal. Nach dem Krieg errichtete es die Gemeinde Gräfelfing neu. »Als Gast der Münchner Bäcker-Innung, die mich anlässlich meines 70.Geburtstags so rührend ehrte, sah ich dieses erhebende Zeichen echter Menschlichkeit wieder: Ein starkes, unvergessliches Erlebnis!«[40], bekannte Oskar Maria Graf in einem Text über »Das Russengrab von Gräfelfing«.

Winterhilfe

Zwischen 1925 und Herbst 1932 leistete die Rote Hilfe Deutschlands reichsweit die beeindruckende Summe von 8.113.125 RM an Unterstützungen für politische Gefangene und ihre Familien, Rechtsschutz, Kinderhilfe, Gefängnispatenschaften und Emigrantenhilfe. Dazu kamen Sach- und Warenleistungen im Wert von 2.328.330 RM. All diese Gaben mussten unter der Arbeiterschaft gesammelt werden. Gebrauchsgüter wie Heizstoffe und Lebensmittel sammelten Rote Helfer vor allem bei den zwischen Mitte November und Mitte Januar laufenden Winterhilfskampagnen. Hierfür wendete sich die Rote Hilfe auch gezielt an Kleinhändler und die ländliche Bevölkerung. Den Behörden waren die Sammlungen der Roten Hilfe von Anfang an ein Dorn im Auge. Immer wieder wurden auch in München Spendensammler festgenommen. So meldete die »Neue Zeitung« am 26. Juni 1928 die Verurteilung eines Genossen Fischer wegen einer Weihnachtssammlung der Roten Hilfe zu 50 Mark Geldstrafe oder fünf Tagen Gefängnis durch das Amtsgericht München-Au.[41] Milde hatte sich der selbe Richter in der unmittelbar zuvor stattgefundenen Verhandlung gegenüber einem Dieb gezeigt, der in der Gastwirtschaft »Bauerngirgl« die Dienstmädchenkammer erbrochen und die kleinen Ersparnisse der Mädchen gestohlen hatte. Weil der Angeklagte ehemaliges Mitglied der vaterländischen Einwohnerwehr und des rechtsextremen Bundes Oberland war, rückte

[40] Graf, Reden, 405.
[41] Möglicherweise der Sekretär der Roten Hilfe Bayerns Willy Fischer.

der Staatsanwalt von der anfangs geforderten Haftstrafe ab und einigte sich mit dem Richter auf eine Geldbuße von 100 Mark. »Nicht die Straftat, sondern die politische Einstellung des Täters, resp. der politische Untergrund der Tat ist für den Klassenrichter maßgebend für die Höhe des Urteils«[42], urteilt der Rote-Hilfe-Korrespondent in der Neuen Zeitung.

Zu massiven Behinderungen der Sammlungen kam es in der Endphase der Weimarer Republik. Der Innenminister des ersten Präsidialkabinetts Joseph Wirth hatte gefordert, durch polizeiliches Einschreiten die Sammeltätigkeit der Roten Hilfe soweit zu unterbinden, dass die gesamte Organisation zur Einschränkung ihres Betriebes gezwungen wäre.[43] Offenbar zur Umsetzung dieser Weisung stürmte am 12. Dezember 1930 ein starkes Polizeiaufgebot die Münchner Büroräume der Roten Hilfe und beschlagnahmte sämtliches Material zur laufenden Winterhilfskampagne. »Der faschistischen Polizei wird man es also zu verdanken haben, wenn Hunderte und Tausende proletarische Kinder und tiefste Not leidende Familien nicht nur nicht mit einen kleinen Gabe bedacht werden können, sondern wenn sie an Stelle dessen sogar noch erfahren müssen, dass die in mühseliger Kleinarbeit brockenweise zusammen gesammelten Arbeitergelder von der Polizei gestohlen wurden. Nichts wird auch den proletarisch-politischen Gefangenen hinter den Kerkermauern die Tatsache der faschistischen Diktatur in Deutschland klarer machen können, als diese niederträchtige Polizeiaktion«, kommentierte die Neue Zeitung. Obwohl die Rote Hilfe in »Terrorbayern« laut einem Bericht ihres Zentralorgans »Tribunal« während der Winterhilfskampagne auf fast jede öffentliche Tätigkeit und Propaganda verzichten musste, es zu wiederholten Haussuchungen und Beschlagnahmungen kam und selbst die Weihnachtskundgebungen verboten wurden, überschritten die Sammler im Winter 1930/31 das gesetzte Ziel von 7000 Mark um 143%. Kurz vor Ende der Winterhilfskampagne hatte die bayerische Rote Hilfe zudem 748 Mitglieder geworben.[44]

[42] Strahlende Hakenkreuzler und sammelnde Rote Helfer, NZ 23.6.1928.
[43] Polizeipräsident Grzesinski an Preußischen Minister des Inneren, Berlin, 1.April 1932, BA R 1507 (alt ST 10) 211 Bd.5a Bl. 158.
[44] Ostpreußen und Terrorbayern führen!, Tribunal 1, 15.Januar 1931; Das Sammel-Soll überschritten, Tribunal 2, 1.Februar 1931.

Kurz vor Beginn der Winterhilfskampagne 1931/32 stürmte die Polizei am 21. Oktober 1931 erneut das Bezirksbüro der Roten Hilfe in München und transportierte kistenweise Material in Lastwagen ab. Fertige Postsachen, Mitgliedsbücher und Broschüren sowie leere Lieferscheinblöcke wurden mitgenommen. Auch benachbarten Räumlichkeiten wurden durchsucht und die Stenotypistin des Rote-Hilfe-Bezirkssekretariats verhaftet.[45]

Als Hilfssheriffs spielten sich die Nazis auf. Unter der Überschrift »Geschäftigkeit bei Moskaus Jüngern« warnte das NSDAP-Blatt »Völkischer Beobachter« Ende November 1932 vor einer äußerst regen Sammeltätigkeit der Rote Hilfe. »Die Geschäftsinhaber werden gebeten, vorsprechende Sammler der ›Roten Hilfe‹ dem nächsten Polizeiorgan zu übergeben.«[46] Dies taten offenbar auch Geschäftsleute, denen keine Sympathien für die Nazis unterstellt werden konnten. So ließ der Direktor des später von den Nazis »arisierten« Kaufhauses Heinrich Uhlfelder im Rosental Sammler der Roten Hilfe von der Polizei festnehmen. Daraufhin wurden des Nachts Plakate mit der Aufschrift »Meidet Kaufhaus Uhlfelder! Direktor lässt revolutionäre Arbeiter verhaften« an die Front des Geschäfts geklebt.[47]

Kerkergräuel

»Der Strafvollzug ist heute noch eine Barbarei und der Republik unwürdig.«[48] Zu dieser Erkenntnis kam der Generalsekretär der Deutschen Liga für Menschenrechte Kurt Großmann im Jahr 1927. Knapp 1600 Zuchthäuser und Gefängnisse gab es während der Weimarer Republik in Deutschland, in denen ständig etwa 100.000 Gefangene einsaßen. In Bayern waren es 211 Strafanstalten, deren 16.296 Haftplätze nach Informationen der Roten Hilfe 1932 mit zwei oder sogar drei Gefangenen überbelegt waren. Der größte Teil dieser Gefangenen waren Arbeiter, die wegen geringfügiger Eigentums- oder Notdelikten verurteilt worden waren. Die Strafanstaltswachtmeister waren

---

[45] Überfall auf das Rote Hilfe-Büro in München, Tribunal Nr 20, 1. November 1931.
[46] Geschäftigkeit bei Moskaus Jüngern, Völkischer Beobachter 29.11.1932.
[47] Polizeibericht München Nr. 110 vom 4.April 1932, StA Bremen 4,65–482.
[48] Deutsche Liga für Menschenrechte, Acht Jahre, 99.

häufig ehemalige Feldwebel und Unteroffiziere, »die ihre handfesten Gummiknüppel nicht zur Zierde tragen«.[49]

»Die Zellen sind überfüllt. Auf 17 Quadratmeter Raum stehen sechs Bettgestelle. Eins quer vor dem Abortkübel«[50], schildert ein »Gewährsmann«, wohl ein ehemaliger Gefangener, die menschenunwürdigen hygienischen Zustände im Gefängnis München-Stadelheim. »Die Bettwäsche wird bei Gefangenenwechsel nicht gewechselt. Selbst wenn der Gefangene geschlechtskrank war, muss der Nächstfolgende das gleiche Leinentuch benutzen.« Selbst die Kot durchtränkte Matratze eines an Darmkrebs erkrankten Kriegsinvaliden wurde nur getrocknet zurück in die Zelle gebracht.

Widerspenstige Gefangene, die sich gegen die Schikanen der Schließer auflehnen, wurden mit Arrest bestraft. »Ein völlig kahler Raum, keine Schlafdecke, keine Heizung. Die Türen 30 Zentimeter dick gepolstert, das Fenster halb mit Blech beschlagen, die andere Hälfte Gitter. Keine Lüftung, Beköstigung Wasser und Brot, alle drei Tage eine Schleimsuppe.« Der Arrest wurde durch Anketten eines Fusses an einen Ring in der Mauer verschärft, so dass der Angekettete sich wenige Zentimeter zwischen Abortkübel und Holzlager bewegen konnte. Die Hände waren mit Eisenmanschetten gefesselt. Auch Zwangsjacken kamen zum Einsatz.

»Das Essen ist miserabel. Soda bildet den Hauptspeisenzusatz. Ein blanker Löffel läuft nach fünf Minuten Benutzung blau an«, wird aus dem Münchner Gefängnis Stadelheim berichtet.« Stadelheimer Spezialität sind die sogenannten ›Spatzen‹. Dazu kam täglich etwa 1 Pfund »vorzügliches« Gefängnisbrot. »Grüne Salatsuppe – fürwahr ein Schlangenfraß! Hagenbecks oder Krones Tiere werden im Verhältnis hierzu erstklassig gefüttert«[51], kommentierte das Tribunal.

Laut §58 der bayerischen Strafvollzugsordnung sollten politische Gefangene automatisch all diejenigen Vergünstigungen erhalten, die sich kriminelle Gefangene erst durch gute Führung erwerben können. Gegenüber den wenigen rechtsextremen politischen Ge-

---

[49] Hochkonjunktur bei der Firma »Justiz«, NZ 21. März 1932.
[50] Grauenhafte Zustände in Stadelheim, Tribunal 18, 2. Dezember 1932.
[51] Speisezettel, Tribunal 21, 15. November 1931.

fangenen waren derartige Hafterleichterungen sogar auf die Teilnahme an Jagden wie beim Eisner-Mörder Anton Graf Arco oder der Veranstaltung von Feiern im Gefängnis im Falle Adolf Hitlers ausgedehnt worden. Linke politische Gefangene wurden dagegen wie gewöhnliche Kriminelle behandelt. So schrieb der Arbeiter Schott aus Giesing aus der Strafanstalt Niederschönenfeld über das Leben im Gefängnis: »In der Anstalt herrscht ein furchtbar strenges Regiment, eiserne Disziplin wird verlangt. Die Gefangenen werden alle mit ›Du‹ angesprochen. Am Nachmittag wird eine Stunde in den Hof gegangen und dann wird eine halbe Stunde exerziert. Bei der Einlieferung sind uns die Haare kurzgeschoren worden, nur einen Büschel hat man vorne stehen lassen. Ich habe Einzelhaft und muss Wäsche flicken.«[52]

Rote Helfer animierten Arbeiterorganisationen, Betriebsbelegschaften und Sportvereine, gegen die »Strafvollzugsbarbarei« zu protestieren. So schickte eine Belegschaftsversammlung des Reichsbahn-Ausbesserungswerkes RAW München-Freimann mit 1607 Beschäftigten Ende 1931 eine Resolution an die Strafanstalten in Landberg und Nürnberg. Die Betriebsversammlung erhob »schärfsten Protest gegen die Handhabung des bayerischen Strafvollzugs gegenüber den proletarischen, politischen Gefangenen, indem sie wie kriminelle Verbrecher behandelt werden«. Die Versammelten forderten die Einstufung der politischen Gefangenen in Stufe 3 des Strafvollzugs, die eine Reihe von Erleichterungen bot, sowie die rechtzeitige Überführung kranker Genossinnen und Genossen in Krankenabteilungen oder geheizte Zellen während der kalten Jahreszeit und anständiges Essen.[53] Aufgrund der Berichte über die Zustände in den bayerischen Gefängnissen schickten eine Reihe von Sportverbänden wie der Sport-Club »Aurora« in Feldmoching sowie die Fußball-Clubs Feldmoching und Lerchenau Protestschreiben an die Direktion der Strafanstalt Nürnberg, den bayerischen Landtag und den Leipziger Oberreichsanwalt. Die Sportverbände zeigten sich besorgt darüber, dass die politischen Gefangenen schwere gesundheitliche Schäden durch den Strafvollzug erlitten. Vom Oberreichsanwalt wurde eine beschleunigte Durch-

---

[52] Kerkerleben in Niederschönenfeld, NZ 13.April 1928.
[53] Betriebsprotest gegen Strafvollzugsbarbarei, Tribunal 1, 1.Januar 1932.

führung der Verfahren gegen 13 bayerische Arbeiter gefordert, die wegen Hochverrats zusammen bereits seit insgesamt 62 Monaten in Untersuchungshaft säßen.[54]

Seit August 1932 wuchs die Zahl der wegen politischer Delikte Inhaftierten rapide an. Der Grund war eine von Reichspräsident Hindenburg am 9. August erlassene »Notverordnung gegen politischen Terror«. In den durch politische Gewalt besonders betroffenen Gebieten, zu denen Bayern nicht gehörte, wurden Schnellgerichte eingeführt. Dazu kamen drakonische Strafverschärfungen. Aus Gefängnis wurde Zuchthaus, aus einer Zuchthausmindeststrafe von einem Jahr wurden zehn Jahre und die Todesstrafe drohte bei »Totschlag aus politischen Motiven«.[55] Im September 1932 zählte die Rote Hilfe in Südbayern 83 Proletarier, die aus politischen Gründen mit Haftstrafen bis zu drei Jahren inhaftiert waren, 24 davon in München.[56] Angesichts des dramatischen Anstiegs der Zahl politischer Gefangener rief die südbayerische Rote Hilfe im Dezember 1932 in einem gemeinsamen Appell mit weiteren KPD-nahen Organisationen zu einer »Woche der politischen Gefangenen« auf. Im Telegrammstil wurden die Schreckensmeldungen seit Inkrafttreten der Notverordnung im Reich und in Bayern aufgezählt. »Der Arbeiter Bartl zum Tode verurteilt – 9500 proletarische politische Gefangene! Vom 17. August bis 24. November 1932 – 2030 Jahre Zuchthaus und Gefängnis! 237 Reichsbannerproleten hinter Mauern! 8½ Jahre Gefängnis in Ingolstadt, 290 Monate in Kempten, 240 Monate in Immenstadt, 73 Jahre politische Gefängnisstrafen gegen Proleten in Südbayern. 2 Selbstmorde und 2 Selbstmordversuche im Gefängnis in Landsberg. Folter gegen Gefangene in Stadelheim. Hunger – Kälte – Schmutz – Zwangsjacken und Ketten – Elend und Vernichtung der Familien – sind christliche Torturwerkzeuge gegen unsere Brüder.« Zwischen dem 10. und 17. Dezember sollte in allen politischen Versammlungen auf die Situation der politischen Gefangenen hingewiesen und Protestresolutionen für deren Freilassung an die Reichs- und Landesregierung ver-

---

[54] Werktätige protestieren gegen bayerischen Gefängnisterror, Tribunal 6, 15. März 1932.
[55] Vgl. Gängel, Rote Hilfe, 168–169; König, Kampf, 64.
[56] Die Opfer der Klassenjustiz im Bezirk, NZ 10. September 1932.

abschiedet werden. Delegationen sollten beim Justizminister, im Landtag und direkt bei den Gefängnissen vorsprechen.[57]

Aus dem Gefängnis entlassene politische Gefangene wurden von der Roten Hilfe an Bahnhöfen oder vor den Gefängnistoren mit Kundgebungen empfangen. Dies symbolisierte den Wiedereintritt der ehemaligen Gefangenen in die Reihen der kämpfenden Arbeiterbewegung und diente gleichzeitig als Ansporn für die zum Teil durch die Haft demoralisierten Revolutionäre, in ihrem politischen Engagement fortzufahren. So hatten sich zahlreiche Arbeiter der Münchner Großbetriebe am 20. Dezember 1924 am Münchner Hauptbahnhof versammelt, um die durch eine Amnestie freigekommenen Räterepublikaner Erich Mühsam, Fritz Sauber, Wilhelm Olschewski und Eugen Karpf mit Hochrufen und dem Gesang der »Internationale« zu empfangen. Durch Gnadenakte zu Reichspräsident Hindenburgs 80. Geburtstag im Oktober 1927 kamen neben Rechtsextremen wie dem Eisner-Mörder Graf Arco auch die Räterepublikaner Lindner, Huber, Gsell, Kiel, Lermer, Greiner und Streidel aus dem Zuchthaus Straubing frei.[58] Der anarchistische Metzgergeselle Alois Lindner hatte am 21. Februar 1919 aus Rache für die Ermordung Eisners mit seiner Browning das Feuer auf eine Plenarsitzung des Bayerischen Landtags eröffnet und dabei zwei konservative Abgeordnete erschossen sowie den Vorsitzenden der bayerischen SPD Erhard Auer schwer verletzt. Jetzt wurde er zusammen mit den anderen Räterepublikanern auf einem stark besuchten Begrüßungsabend der Roten Hilfe als Held gefeiert. Auch Oskar Maria Graf wird als Redner bei dem Festabend genannt. In einem Telegramm an den »Zuchthausonkel« Gustav Menzel, der in der Juristischen Zentralstelle der KPD-Fraktionen in Berlin für die Betreuung der Gefangenen verantwortlich war, bedankten sich die freigekommenen Revolutionäre für seinen Einsatz.[59]

[57] Die Rote Hilfe ruft!, NZ 7.12.1932.
[58] MOPR Nr. 2, November 1927, 30; Christoph, Reichsamnestien, 231.
[59] MZ 3. Oktober 1927.

Amnestiekampf 1928

Unter der Losung »Heraus mit Max Hoelz und allen politischen Gefangenen« führte die Rote Hilfe ab 1926 ihre Kampagne für die Amnestierung aller in Folge der revolutionären Kämpfe von 1919 bis 1923 eingekerkerten Arbeiter. Durch breite Sympathie, die Hoelz von den radikalisierten Kreisen der Arbeiterschaft, aber auch von Linksintellektuellen entgegengebracht wurde, war er als Symbolfigur für eine Amnestiekampagne geradezu prädestiniert. Denn eine legendäre Gestalt war der 1889 bei Riesa geborene Sohn armer Landarbeiter in den 20er Jahren gewiss. Als Vorsitzender des Falkensteiner Arbeitslosenrates hatte Hoelz 1919 »Expropriationen« bei reichen Bürgern organisiert, um das Geld an die hungernden Arbeiter zu verteilen. Während des Mitteldeutschen Aufstandes im März 1921 führte er eine Arbeiterpartisanentruppe, die zur Einschüchterung der Bourgeoisie einige zuvor geräumte Villen in die Luft jagte. Dies brachte ihm von seinen Gegnern des Namen »Zündelmax« ein, während er für seine Freunde ein »deutscher Tschapajew« oder »Robin Hood« war. Im April 1921 wurde Hoelz verhaftet und zu lebenslanger Haft wegen der Ermordung eines Gutsbesitzers verurteilt. Hoelz, der sich in seiner Verteidigungsrede zu allen Aktionen während der Kampfhandlungen bekannte, bestritt aber diese Tat.[60]

Die von der Roten Hilfe in großer Auflage verbreitete Broschüre »Gerechtigkeit für Max Hoelz« von Erich Mühsam trug wesentlich zur Entfachung einer breiten Bewegung für die die Freilassung von Hoelz bei. Auch Oskar Maria Graf gehörte neben weiteren Prominenten wie Heinrich und Thomas Mann, Bert Brecht, Albert Einstein, Lion Feuchtwanger, Otto Dix und den Verlegern Samuel Fischer und Gustav Kiepenheuer einem im Frühjahr 1927 aus 163 Persönlichkeiten gebildeten »Neutralen Komitee für Max Hoelz« an.[61] Das Komitee forderte die

---

[60] Zu Max Hoelz siehe Hoelz, Kreuz; Gebhard, Hoelz; Giersich, Hoelz.
[61] Dabei waren u.a. die Namen Johannes R. Becher, Rudolf G. Binding, Bert Brecht, Martin Buber, Otto Dix, Albert Einstein, Lion Feuchtwanger, Samuel Fischer, Bruno Frank, Saul Friedländer (Mynona), Heinrich George, Oskar Maria Graf, George Grosz, Carl Grünberg, Kurt Großmann, Emil Julius Gumbel, Man Hermann-Neiße, Wilhelm Herzog,

»schleunige Herbeiführung eines neuen Urteils über die Taten und über die Person von Max Hoelz« und protestierte gegen die »auffallend langsame Bearbeitung des Rechtsfalles« sowie die »ungleichmäßige Anwendung der Amnestiegesetze«.[62] Um die Verbindung zu ihm im Gefängnis aufrechtzuerhalten, veranlasste die KPD Hoelz, eine Scheinehe mit einer Kommunistin einzugehen, die von nun an als »Frau Hoelz« auf den Versammlungen der Roten Hilfe sprach.

Am 27. April 1928 fand im Münchner Mathäserbräu eine Großveranstaltung mit Traute Hoelz als Hauptrednerin statt. Nach Kampfliedern des Arbeitersängerchors Freiheit schilderte Frau Hoelz, wie die Mitteldeutschen Kämpfe durch einen von der sozialdemokratischen Regierung veranlassten Einmarsch der Reichswehr ins Industrierevier ausgelöst wurden. Nur ein einziger unbeteiligter Zivilist sei bei den Kämpfen ums Leben gekommen, der Gutsbesitzer Heß. Die Kronzeugen, die Max Hoelz in Anbetracht eines Kopfgeldes von 50.000 Mark dieses Mordes beschuldigten, hätten ihre Aussagen längst zurückgezogen. Obwohl sich der wirkliche Täter, der Bergmann Erich Friehe bereits vor zwei Jahren freiwillig gestellt habe, verweigere die Staatsanwaltschaft Hoelz einen neuen Prozess. »Dieser Justizskandal wird nur dann aus der Welt geschaffen werden, wenn die Arbeiterschaft einmütig und geschlossen den Kampf gegen diese Klassenjustiz führt und dafür Sorge trägt, dass das heutige Regime gestürzt wird«, so Traute Hoelz, die ihre Rede mit einem »Hoch auf die politisch Inhaftierten und die Rote Hilfe« schloss, in das mehrere Tausend Versammelte »in stürmischer Begeisterung« einstimmten. In einer von der Versammlung verabschiedeten Protestentschließung wurden ein Widerufsverfah-

---

Wieland Herzfelde, Kurt Hiller, Max Hodann, Arthur Holitscher, Herbert Ihering, Heinrich Eduard Jacob, Alfred Kerr, Gustav Kiepenheuer, Egon Erwin Kisch, Kurt Kläber, Käthe Kollwitz, Fritz Kortner, Alfred Kubin, Leo Lania, Emil Ludwig, Heinrich Mann, Thomas Mann, Ludwig Marcuse, Otto Nuschke, Alfons Paquet, Max Pechstein, Erwin Piscator, Erich Reiß, Joachim Ringelnatz, Ernst Rowohlt, Leopold Schwarzschild, Hugo Sinzheimer, Paul Steegmann, Helene Stöcker, Ernst Toller, Kurt Tucholsky, Armin T. Wegner, Erich Weinert, Hermann Wendel, Heinrich Zille, Arnold Zweig; Anhang zu Hoelz, Briefe.
[62] Zit. nach Giersich, Hoelz, 236.

ren für Hoelz und die sofortige Amnestierung aller proletarisch politischen Gefangenen gefordert. Erinnert wurde, dass in Straubing, Landsberg und weiteren Gefängnissen noch eine Reihe von Münchner und Füssener Genossen »dem barbarischen Strafvollzug ausgesetzt« seien, während rechtsstehende Gefangene sich größter Freiheiten und bester Behandlung im Gefängnis erfreuten. Während der Hoelz-Versammlung verbuchte die Münchner Rote Hilfe 128 Neuaufnahmen.[63]

Die Rote Hilfe nutzte den Wahlkampf für die Neuwahlen des Reichstages am 20. Mai 1928, ihre Forderungen zu stellen: »Für eine bedingungslose Generalamnestie aller proletarisch-politischen Gefangenen! Für ein freiheitliches Asylrecht! Für die Ablehnung des neuen Strafgesetzentwurfes, des Strafvollzugsgesetzes und des Asylrechts-Gesetzentwurfs der Bürgerblockregierung!« Rote-Hilfe-Generalsekretär Jacob Schlör warnte in einem Aufruf im »Roten Helfer«: »Die Parlamente werden von sich aus weder den politischen Gefangenen die Gefängnistore öffnen noch den barbarischen Strafvollzug einer Änderung unterziehen, wenn sie nicht von den breitesten Massen der Werktätigen dazu gezwungen werden. Diese breiten Massen für die Forderungen der Roten Hilfe in Bewegung zu bringen, sie für unseren Kampf zu mobilisieren, das ist die wichtigste Aufgabe der kommenden Wahlbewegung.«[64] Zu diesem Zweck veranstaltete die Rote Hilfe München drei Tage vor der Wahl eine erneute Kundgebung im Mathäserbräu. Das Plakat erinnerte an die Niederschlagung der Räterepublik:

> **Halt! Wer weitergeht wird erschossen!** Das war **die Parole von Epp** dem heutigen Spitzenkandidaten der Nationalsozialisten, unter welcher er 1919 München »befreite«; durch **Raub, Mord und Plünderung** war der Weg der »Rettung« Münchens gekennzeichnet. Auf bestialische Art und Weise wurden die **21 katholischen Gesellen** hingerichtet, <u>über 400 Arbeiter</u> Münchens wuden ohne Urteil von den »siegreichen Truppen Epp's im Namen der Bamberger Regierung <u>standrechtlich erschossen.</u>

[63] Die Hölzversammlung ein großer Erfolg!, NZ 1.Mai 1928.
[64] Der Rote Helfer, Nr 5 Mai 1928.

> Werktätige Münchens!
> Habt Ihr alle diese »Kulturtaten«, diese Bestialitäten schon vergessen? Wollt Ihr die Frauen u. Kinder dieser Freiheitskämpfer unterstützen? Dann kommt in die öffentliche **Kundgebung der Roten Hilfe** am Donnerstag 17.Mai vorm. ½ 10 Uhr im **Mathäser**-Festsaal
> Es spricht **Willy Deisen, Bremen**, Mitgl. d. Bürgerrates über *Faschismus, weißer Terror, Klassenjustiz und Neuwahlen*
> Werktätige Männer u. Frauen erscheint in Massen
> Eintritt 30 Pfennig. Erwerbslose geg. Ausw. 10 Pfg.
> **Rote Hilfe Deutschlands** Ortsgruppe München[65]

Um den Druck auf die am 20. Mai neugewählte sozialdemokratisch geführte Reichsregierung unter Kanzler Hermann Müller aufrecht zu erhalten, rief die Rote Hilfe für den 12. Juni[66] erneut zu einer Amnestiekundgebung im Mathäserbräu auf. Als Hauptredner wurden Oskar Maria Grafs Freunde, der Leiter der Münchner Roten Hilfe Willy Fischer und der neugewählte KPD-Landtagsabgeordnete Fritz Dressel angekündigt. Neben der KPD und dem Rotfrontkämpferbund gehörte auch der Jungmünchner Kulturbund unter Vorsitz von Oskar Maria Graf zu den Unterstützern. Dies war durchaus konsequent. Schließlich hatte Graf den Jungmünchner Kulturbund im Jahr zuvor gemeinsam mit Kommunisten, Linkssozialisten und Syndikalisten zur Verteidigung der Presse- und Meinungsfreiheit gegründet.[67] Unter den politischen Gefangenen und Verfolgten befand sich eine Anzahl so genannter »literarischer Hochverräter«, deren Artikel in kommunistischen Zeitungen als staatsgefährdend eingestuft wurden.

Als die SPD ihr Wahlversprechen einlöste und am 14. Juli 1928 im Reichstag ein weitreichendes Amnestiegesetz verkündete, fiel neben den letzten noch inhaftierten bayerischen Räterepublikanern auch Max Hoelz darunter. Zu einer Wiederaufnahme des Hoelz-Prozesses ist es somit nie gekommen und der Justizirrtum musste nicht eingestanden werden.

---

[65] HstA München Plakatsammlung, Nr 9294, Mai 1928.
[66] HstA München Plakatsammlung, Nr 7648, Juni 1928.
[67] Bauer, Graf, 145; Bollenbeck, Graf, 88.

Internationale Solidarität

Die RHD war mit der 1922 durch die Kommunistische Internationale gegründeten Internationalen Roten Hilfe (IRH) verbunden, die weltweit Sektionen mit insgesamt 19 Millionen Mitgliedern unterhielt. In Zusammenarbeit mit der IRH führte die RHD in Deutschland umfangreiche Kampagnen gegen den weißen Terror in Mussolinis Italien, den Balkanländern, Polen und dem Baltikum durch. Insbesondere der siebenjährige Justizskandal um die in den USA zum Tode verurteilten italienischstämmigen Anarchisten Nicola Sacco und Bartolomeo Vanzetti bewegte die klassenbewusste Arbeiterschaft in aller Welt wie kein zweiter Fall. Sacco und Vanzetti waren während einer antikommunistischen Hexenjagd gegen radikale Arbeiteraktivisten im Mai 1920 verhaftet und eines Raubmordes beschuldigt worden. Obwohl zahlreiche Zeugen bestätigten, während der Tatzeit beim Fischhändler Vanzetti eingekauft zu haben und ein Konsulatsangestellter erklärte, dass Sacco zur Tatzeit wegen einer Passangelegenheit im italienischen Konsulat war, plädierten die Geschworenen auf »schuldig« wegen Mordes. Eine Wiederaufnahme des Verfahrens wurde im Mai 1926 vom Obersten Staatsgerichtshof von Massachusetts abgelehnt, obwohl ein an dem Überfall Beteiligter versicherte, dass Sacco und Vanzetti mit der Angelegenheit nichts zu tun hätten. In seltener Einheit protestierten die Rote Hilfe, anarchistische, kommunistische und sozialdemokratische Organisationen gegen das politisch motivierte Urteil. Millionen Menschen in aller Welt verabschiedeten individuell oder kollektiv 110.000 Protesterklärungen gegen die drohende Hinrichtung. Mehrfach wurde der Hinrichtungstermin aufgrund der Proteste verschoben. In Deutschland nahm die Solidaritätsbewegung im Herbst 1926 einen weiteren Aufschwung. Die Rote Hilfe veröffentlichte in ihrem Pressedienst eine Aufstellung sämtlicher US-Vertretungen in Deutschland und forderte zur verstärkten Übersendung von Protestschreiben auf.[68] In München wurde am 1. November 1926 eine Delegation unter Führung des KPD-Reichstagsabgeordneten Albert Buchmann beim Generalkonsul der Vereinigten Staaten vorstellig. Die Polizei verhinderte größere Menschenansammlungen vor dem Konsulat, so dass sich

---

[68] Zelt, Internationalismus, 80f.

nach den Worten des Konsuls der Besuch in ruhiger und sachlicher Atmosphäre vollzogen habe.[69]

Die Rote Hilfe bemühte sich, die Sacco-Vanzetti-Kampagne mit den anderen Kampfaktionen der Arbeiter zu verbinden. So forderten auf der Münchner Kundgebung zum 1. Mai 1927 Transparente: »Heraus mit den politischen Gefangenen« und »Rettet Sacco und Vanzetti«.[70]

Überall in Deutschland bildeten sich, zumeist auf Initiative der Roten Hilfe, Sacco-Vanzetti-Komitees. Delegierte von örtlichen Arbeiterorganisationen, Betriebsbelegschaften und Intellektuelle organisierten Versammlungen und Demonstrationen, sammelten Unterschriften und Geld und bewegten Prominente dazu, öffentlich ihre Stimme für Sacco und Vanzetti zu erheben. In München ging die Initiative zur Gründung eines Sacco-Vanzetti-Komitees von der anarchosyndikalistischen Freien Arbeiterunion Deutschlands aus, die hier rund 130 Mitglieder hatte. Den Vorsitz des Komitees, dem sich auch die Rote Hilfe anschloss, übernahm Oskar Maria Graf. Da eine für Montag 1. August 1927 in München geplante Massenkundgebung mit Graf und dem Schriftleiter der satirischen Zeitschrift Simplizissimus Peter Scher als Hauptredner von der Polizei verboten wurde, beschloss das Komitee einen schriftlichen Protest gegen die drohende Hinrichtung an das US-Konsulat zu richten.[71] Am 6. August löste die Polizei eine als »kommunistisch« eingestufte Demonstration vor dem US-Generalkonsulat in der Ledererstrasse bereits im Entstehen auf und nahm mehrere Personen fest.[72] Zuvor hatte der Reichskommissar zur Überwachung der Öffentlichen Ordnung, ein Vorläufer des Verfassungsschutzes, die Polizeibehörden um verstärkte Schutzmaßnahmen für US-Konsulate ersucht, da aufgrund einer vertraulichen Information der US-Botschaft mit einer baldigen Festsetzung des Hinrichtungstermins zu rechnen sei.[73] Im von der

---

[69] Zelt, Internationalismus, 296f.
[70] Zelt, Internationalismus, 160.
[71] Stadtchronik München S. 244; Die Rote Fahne Nr 177 vom 30.Juli 1927; Tägliche Rundschau Nr 351 vom 30.Juli 1927; Telegrammzeitung Z.144.
[72] Sta M Pol.Dr. München 6893, 86, Aktenvormerkung über Vernehmung von Willibald Schmidt, Pol.Dr. München VI7d vom 2.September 1927.
[73] Zelt, Internationalismus, 299f.

konservativen Bayerischen Volkspartei und rechten Sozialdemokraten dominierten Münchner Stadtrat scheiterte ein von der Roten Hilfe initiierter Antrag kommunistischer Stadträte, wonach sich die Kommune gegen die Hinrichtung aussprechen sollte.[74]

Die weltweiten Proteste blieben erfolglos. In der Nacht vom 22. zum 23. August 1927 kurz nach Mitternacht wurden Sacco und Vanzetti im Staatsgefängnis Massachusetts auf dem elektrischen Stuhl hingerichtet. Trauerkundgebungen gegen den Justizmord schlugen in den nächsten Tagen in mehreren deutschen Städten in Gewalt um. So wurden in Hamburg ein Arbeiter und ein Polizist getötet, als die Polizei in die Menge schoss. In München wurde die Trauerkundgebung der Roten Hilfe verboten. Die Polizei nahm 22 Arbeiter fest, die dem US-Konsul eine Protestnote überbringen wollten.[75] Gegen den Justizmord an Sacco und Vanzetti protestierte nach der Hinrichtung auch die im Münchner Gewerkschaftshaus stattfindende Vollversammlung der Betriebs- und Beamtenräte des Einheitsverbandes der Eisenbahner. Die Versammelten erklärten sich bereit, in Deutschland für die Freilassung der politischen Gefangenen einzutreten. Der Bezirksleiter des zu den sozialdemokratisch geführten Freien Gewerkschaften gehörenden Verbandes forderte in einem Zusatzantrag die Freilassung der Gefangenen in der Sowjetunion.[76]

In den Veröffentlichungen der Roten Hilfe nahm Polen lange Zeit den ersten Platz unter den ost- und südosteuropäischen »Terrorländern« ein.[77] Der durch einen Militärputsch am 12. Mai 1926 an die Macht gekommene ehemalige Sozialist J.K. Pilsudski hatte die blutige Unterdrückung der Arbeiter- und Bauernbewegung sowie nationaler Minderheiten noch verschärft, Tausende politische Gefangene füllte die Kerker des Regimes, Kommunisten drohte die Todesstrafe. Mehrfach mobilisierte die Rote Hilfe reichsweit Tausende Menschen, die vor polnischen Konsulaten demonstrierten oder Protestschreiben absandten. Die bayerische Rote Hilfe übernahm eine Paten-

---

[74] Nur in Frankfurt am Main wurde ein solcher Antrag angenommen, Zelt, Internationalismus, 179.
[75] Vgl. Zelt, Internationalismus, 260–275, RHD, Sacco, 43.
[76] Stadtchronik München, S. 282, 23.August 1927. Münchner Zeitung 195.
[77] Zur Kampagnearbeit der RHD gegen den weißen Terror in Polen siehe insbesondere Gemkow, Traditionen.

schaft über verschiedene polnische Gefängnisse und sammelte Kleidungsstücke für die Kinder »der in diesen Folterkammern des ehemaligen Sozialdemokraten Pilsudski schmachtenden Klassenkämpfer«.[78] Am 1. September 1931 bemerkte ein Polizeikommissar auf seinem Streifengang vor dem polnischen Konsulat in der Pienzenauerstrasse 15 die mit großen Buchstaben auf den Straßenasphalt gemalte Losung: »Nieder mit dem polnischen Terror«. Um dieser Forderung Nachruck zu verleihen, waren zwei Fensterscheiben mit Steinen eingeworfen worden. Die Täter konnten nicht ermittelt werden.[79]

Im November 1931 klirrten erneut Scheiben. Ein während der Nacht geworfener Stein traf die Wohnung der Richtmeisterwitwe August Hirsch im zweiten Stock der Königinstraße 85, galt aber dem darüber im dritten Stock befindlichen japanischen Generalkonsulat. »Wir protestieren gegen den japanischen Imperialismus! Wir schützen die Sowjetunion« hieß es in einem um den Stein gewickelten Papier. Die Polizei vermutete die Täter in »kommunistischen Kreisen«, da am gleichen Tag ein Brief der Roten Hilfe das japanische Kaiserliche Konsulat erreichte. »Die heute von über 100 Mitgliedern der Roten Hilfe München/Schlachthaus besuchte Alarm-Mitgliederversammlung warnt die japanischen Imperialisten, weiter ihre Kriegsprovokationen gegen die Sowjetunion durchzuführen.«[80] Die Mitglieder der Roten Hilfe würden alle Kräfte entfalten, um den russischen Brüdern im Kampfe würdig zur Seite zu stehen. Hintergrund war die Besetzung der Mandschurei durch Japan im September 1931 als Auftakt des japanischen Eroberungskrieges in China. Rote Hilfe und KPD sahen darin zugleich die »Organisierung eines konzentrierten Angriffes der internationalen Kapitalisten

---

[78] Dem Rote Hilfe-Kongreß zum Gruß!, NZ 16.10.1928.
[79] StA München Pol.Dir München 6896,105/106, Anzeige von Polizei Kommissar Graf Polizeibezirk 5/I München vom 1.September 1931; Notiz Meixner vom 12.Oktober 1931.
[80] StA München, Pol.Dir. München 6896, 122, Protokoll von Kriminalkommissar Georg Matthes vom 7.11.1931; Brief vom 7.11.1931, Rote Hilfe München-Schlachthaus, i.A. gez. Heinrich Dilli, Dreimühlenstrasse 14/II, Block 3, an das Japanische Kaiserliche Konsulat Königinstrasse München.

gegen die Sowjetunion«[81]. Auch in diesem Fall konnte der Täter des Steinwurfs auf das Konsulat nicht ermittelt werden, der »Stein mit Umhüllung und vier Protestschreiben« kamen zu den Akten.[82]

In einer Resolution sprachen zahlreiche Rote Helfer auf einer Versammlung im Bürgerbräukeller am 2. März 1932 den »unter dem Sowjetbanner bereits kämpfenden chinesischen Klassengenossen unsere brüderlichen Kampfesgrüße« aus. Auch den »japanischen Arbeitsbrüdern im Soldatenrock, die sich weigerten, gegen das chinesische Volk zu kämpfen« wurde vollste Sympathie übermittelt.[83]

Streitbare Juristen

Arbeitern, die aufgrund ihrer politischen Aktivitäten angeklagt wurden, stellte die Rote Hilfe Rechtsanwälte. Die Justiz der Weimarer Republik rekrutierte sich aus Männern, die ihre politische Erziehung noch im Kaiserreich erhalten hatten und entsprechend antidemokratisch, republikfeindlich und national gesinnt waren. Ihnen stand eine kleine »juristische Gegenelite« fortschrittlicher Rechtsanwälte gegenüber, die zur Zusammenarbeit mit der Roten Hilfe bereit waren. Politisch kamen die Rote-Hilfe-Anwälte aus einem breiteren Spektrum, das vom Anarchismus bis zum Katholizismus reichte. 60 Prozent von ihnen waren jüdischer Herkunft. Für die gesamte Weimarer Zeit konnten reichsweit rund 320 und in München 10 Anwälte nachgewiesen werden, die dauerhaft oder auch nur in Einzelfällen als Vertrauensanwälte der Roten Hilfe fungierten.[84]

In München war dies insbesondere die Kanzlei der Anwälte Dr. Max Hirschberg und Dr. Philipp Löwenfeld in der Kaufinger-

---

[81] Rote-Hilfe-Versammlung im Bürgerbräukeller überfüllt, NZ 4.3.1932.
[82] StA München, Pol.Dir. München 6896, 122/1: Schreiben von Polizeidirektion München, i.A. Beck, an Oberstaatsanwalt beim Landgericht München I vom 14.Dezember 1931.
[83] Rote-Hilfe-Versammlung im Bürgerbräukeller überfüllt, NZ 4.3.1932.
[84] Zu den Anwälten der Roten Hilfe siehe insbesondere Heinz-Jürgen Schneider/Erika Schwarz/Josef Schwarz: Die Rechtsanwälte der Roten Hilfe Deutschlands – Politische Strafverteidiger in der Weimarer Republik, Bonn 2002.

straße 30, der 1928 auch die junge Anwältin Dr. Elisabeth Kohn beitrat. Diese Kanzlei vertrat vor allem jüdische Bürger sowie die südbayerische SPD, wurden aber auch von der Roten Hilfe bei politischen Prozessen herangezogen. Max Hirschberg verteidigte 1922 auch Felix Fechenbach, den ehemaligen Privatsekretär des ermordeten bayerischen Ministerpräsidenten Kurt Eisner, gegen den Vorwurf des Landesverrats aufgrund der Veröffentlichung diplomatischer Dokumente zur deutschen Kriegsschuld. In mehreren Presseprozessen wegen Beleidigung stand Hirschberg auch Hitler und dem 1946 in Nürnberg als Kriegsverbrecher hingerichteten Hans Frank gegenüber, der ihm im Gerichtssaal ohne Gerichtsrüge mit seiner Ermordung drohen konnte. Nach der NS-Machtübernahme wurde Hirschberg als Jude durch einen Erlass des nunmehr zum bayerischen Justizministers aufgestiegenen Hans Frank das Betreten des Gerichtsgebäudes verboten, und der Vorstand der Münchner Rechtsanwaltskammer beantragte gegen den engagierten Sozialdemokraten die Rücknahme seiner Anwaltszulassung wegen »kommunistischer Betätigung«. Obwohl dieser Antrag im August 1933 als unbegründet zurückgewiesen wurde, meldete sich Hirschberg, der im März für 5 ½ Monate in »Schutzhaft« genommen wurde, im November 1933 nach Mailand ab. Von dort wanderte er 1938 in die USA aus.[85]

Hirschfelds Sozius Dr. Philipp Löwenfeld war auf Verfassungs-, Arbeits- und Strafrecht spezialisiert. Der seit 1910 der Sozialdemokratischen Partei angehörige Löwenfeld lehnte während der ersten Münchner Räterepublik 1919 das ihm vom anarchistischen Volksbeauftragten für Volksaufklärung Gustav Landauer angebotene Amt des Volksbeauftragten für Justiz ab. 1921/22 vertrat Löwenfeld Felix Fechenbach in einem Zivilprozess und den damals noch aufgrund seines Engagements in der Räterepublik inhaftierten Erich Mühsam in einer Tumultentschädigungssache. Löwenfeld floh unmittelbar nach der NS-Machtübernahme in die Schweiz und emigrierte 1938 auf dem gleichen Schiff wie sein Mandant Thomas Mann in die USA, wo er nach dem Krieg in Wiedergutmachungsangelegenheiten tätig wurde.[86]

---

[85] Geb. 1883, gest. 21.06.1964 in New York, Schneider, Rechtsanwälte, 163f.
[86] Geb. 1887 in München, gest. 1963 in New York, Schneider, Rechtsanwälte, 203f.

Die am 11. Februar 1902 in München geborene Elisabeth Kohn gehörte zu den ersten Frauen, die an der Universität München Rechtswissenschaften studierte. Sie promovierte am 24. Juli 1924 zum Dr. jur. und trat 1928 in die Kanzlei Hirschberg-Löwenfeld ein. Kohn, die wie ihre Anwaltskollegen ein SPD-Parteibuch besaß, gehörte 1924 zu den Mitbegründern der Roten Hilfe. Sie war Mitglied der Gewerkschaft und der pazifistischen Deutschen Liga für Menschenrechte. Ihrer Mutter zuliebe verzichtete Elisabeth Kohn nach der Nazimachtübernahme auf die Emigration. Als Jüdin und Sozialistin erhielt sie Berufsverbot und arbeitete in der Fürsorgeabteilung des Wohlfahrtsamtes der Israelitischen Kultusgemeinde. Am 20. November 1941 wurde Elisabeth Kohn zusammen mit ihrer Mutter und ihrer Schwester nach Riga deportiert und zusammen mit 1000 weiteren Münchner Juden ermordet.[87]

Rechtsanwalt Jakob Hofmann verteidigte laut einem Bericht des Zentralvorstandes der Roten Hilfe vom Januar 1926 Josef Hutterer und vier Genossen aus München, die sich nach einem Zusammenstoß mit separatistischen »Jungbayern« vor Gericht verantworten mussten.[88] Der Münchner Rechtsanwalt Dr. Fritz Kahn II vertrat 1931 und 1932 mehrere Jungarbeiter nach Schlägereien mit der SA.[89] Justizrat Dr. Benedikt Bernheim soll

---

[87] Seit Juli 2003 erinnert eine Gedenktafel vor dem Lesesaal der Juristischen Bibliothek der Ludwig-Maximilians-Universität München an Elisabeth Kohn. Das vom Künstler Wolfram Kastner geschaffene Denkzeichen steht stellvertretend für 205 jüdische Anwältinnen und Anwälte aus München, die von den Nazis entrechtet, beraubt, gequält, vertreiben oder ermordet wurden. Während Rechtsanwälte, Anwaltsvereinigungen und der C.H. Beck-Verlag mit Spenden zur Realisierung des Denkmals beitrugen, hieß es aus dem Justizministerium: »Eine Ausgabeermächtigung in einem Haushaltstitel ist nicht vorhanden.« Gelder zur Pflege der Gräber hingerichteter NS-Kriegsverbrecher auf dem Friedhof der JVA Landsberg hatte das Ministerium bis dahin dagegen reichlich vergeben.

[88] Vermutlich Justizrat Jakob Hofmann, geb. 5.7.1969 in Landau, gest. 28.12.1928 in München, Schneider, Rechtsanwälte, 165f.

[89] Ausnahmegericht gegen Giesinger Antifaschisten, NZ 13. Oktober 1932. Hier wird Dr Fritz Kahn II als Verteidiger des im Falle einer Schlägerei gegen provozierende SA-Männer in Giesing als Rädelsführer angeklagten Johann Weber genannt. Nach Auskunft des Stadtarchivs der Landeshauptstadt München handelt es sich wahrscheinlich um den am 10.9.1906 in München geborenen Dr Fritz Kahn, der nach einem Studium in Kiel

ebenfalls für die Rote Hilfe gearbeitet haben.[90] Weiterhin werden auf der Liste der süddeutschen Anwälte der Roten Hilfe ein Rechtsanwalt Anton Graf von Pestalozza mit Anschrift in der Maschinenstrasse 9, ein Anwalt Dr. Andreas Werner Schmittberger in der Bayerstrasse 35 sowie Dr. Robert Theilhaber in der Bayerstrasse 29 am Promenadenplatz 10 angeführt.[91] Als ihm die Nazis 1933 seine Anwaltszulassung entzogen, bestritt Theilhaber jede Nähe zu marxistischem Gedankengut und bekannte sich zu den Theorien des Nationalliberalen Friedrich Naumann, dessen Deutscher Demokratischer Partei er angehört hatte. Als konvertierter Jude, der der Freireligiösen Gemeinde München angehörte, verlor Theilhaber dennoch seine Anwaltslizenz. 1938 floh er nach Frankreich. Dort wurde er nach dem Überfall der Wehrmacht interniert, nach Auschwitz deportiert und ermordet.[92]

Der streitbare Anwalt Dr. Franz Weber gehörte Anfang der 30er Jahre ebenfalls zu den Juristen der Roten Hilfe in München. Auch wenn Weber nicht all zu viele Mandate der Roten Hilfe wahrnahm, soll hier aus seiner treffenden Charakteristik der bayerischen Justiz aus einem Schriftsatz zu einem Ehrengerichtsverfahren in eigener Sache zitiert werden, in dem er auch

---

und Erlagen ab 1929 in der Kanzlei seines Vaters Maximilian Kahn in der Bayerstraße 25 arbeitete. Laut interner NS-Opferdatenbank floh er bereits 1933 in die USA, wo er am 27.10.1994 im kalifornischen Palo Alto verstarb. Das Stadtarchiv verweist darauf, dass es zum fraglichen Zeitpunkt noch ein weiterer Anwalt mit Namen Fritz Kahn sowie mehrere Personen dieses Namens als Jurastudenten gab, so dass eine eindeutige Identifizierung nicht möglich ist. (Auskunft vom 1.4.2008) In Wilhelm Piecks Anwaltsliste wird ein »Dr Kahn, II« aus der Luitpoldstraße 8 in Nürnberg genannt, Liste der Rechtsanwälte RY 1/I2/711-1; Auch bei Schneider/Schwarz wird der in den Zahlungsbelegen des RH-Zentralvorstandes mit »Kahn II« bezeichnete Anwalt mit dem 5.1.1880 im pfälzischen Altenburg geborenen und in Nürnberg als Anwalt tätigen Dr Max Josef Kahn identifiziert, der Mitte 1925 KPD-Mitglieder in Nordbayern verteidigte. Vgl. Schneider, Rechtsanwälte, 173f.

[90] Bernheim, geb. 19.3.1882 in Laupheim, Schneider, Rechtsanwälte, 90.
[91] Pestalozza, geb. 1.8.1877 in München, gest. 4.1.1938 in Wörishofen, Schneider, Rechtsanwälte, 233; Schmittberger, geb. 26.1.1866 in Zeitlofs, gest. 26.12.1948 in München, Schneider,, Rechtsanwälte, 262;
[92] Theilhaber, geb. 14.10.1881 in Bamberg, gest. 1943/44 in Auschwitz; Schneider, Rechtsanwälte, 287f.

Lion Feuchtwangers Schlüsselroman »Erfolg« als Beleg anführte: »Die bayerische Justiz und die bayerische Strafrechtspflege ist als politisiert im weitesten Sinne zu erachten. Die strafrechtliche Verfolgung einer Person ist von den willkürlichen Intentionen der Strafverfolgungsbehörde abhängig, welche in gewissen Fällen ihre Direktiven von höheren Instanzen empfängt. Aus dieser Conception entspringen dann die eigenartigsten und merkwürdigsten Strafsachen, deren Entstehung sich nur ein Adept der Mysterien der bayerischen Strafrechtspflege erklären kann, welcher die vor der Öffentlichkeit verborgenen Hintergründe und Hintergedanken kennt. Der Uneingeweihte sieht lediglich das Paradoxon, dass Unschuldige mitunter bestraft werden, während Schuldige straflos bleiben. ... In Bayern findet die Strafverfolgungsbehörde für jede anhängige Strafsache eine Begründung, entweder für eine außerverfolgungssetzende Entscheidung oder für eine inverfolgungssetzende Entscheidung in der gleichen Strafsache...«[93] Der drohenden Festnahme entzog sich Weber am Tag nach dem Reichstagsbrand durch Flucht nach Paris.

Rechtsberatung

In den ab 1929 eingerichteten Rechtsauskunftstellen der Roten Hilfe waren Anwälte, die ja meist ein Honorar kassierten, die Ausnahme. Häufig saßen juristisch einigermaßen geschulte und vor allem praxiserfahrene Genossen in den Beratungsstellen, die nur komplizierte Fälle an Fachjuristen überwiesen. Die Rote Hilfe bot in München wöchentlich zwei Stunden unentgeltliche Rechtsauskunft in ihrem Bezirksbüro in der Rumfordstraße 38/II im Glockenbachviertel an.[94]

Auch Oskar Maria Graf beriet hier Genossen, die Probleme mit Polizei und Justiz hatten. So berichtete der spätere Gründer des Valentin-Musäums Hannes König, der seit 1928 der KPD angehörte und selber ein Jahr lang als Kassier der Roten Hilfe tätig war, von einer solchen Beratung durch den Schriftsteller. König hatte bei einer Demonstration einen berittenen Polizisten vom Pferd gezogen und war dafür in erster Instanz zu acht

[93] Schneider, Rechtsanwälte, 294f. Geb. 20.4.1901.
[94] Inserat des Bezirksvorstands der RH Südbayern, NZ 3.Dezember 1932.

Monaten Haft verurteilt worden. Von der Roten Hilfe wollte König erfahren, ob sein Fall politisch-agitatorisch für ein Berufungsverfahren tauge. Nach kurzer Überlegung riet ihm Graf allerdings: »Die acht Monat', die sitzt' ab.«[95] Nachträglich war König für diesen Rat dankbar. So verbrachte er den Machtantritt der Nazis im Gefängnis, wurde bald als »Systemgegner« amnestiert und blieb trotz antifaschistischen Engagements nach seiner Freilassung mehrere Monate unbehelligt.[96] Andere Kommunisten dagegen wurden schon in den ersten Tagen der NS-Machtübernahme von der SA krankenhausreif geschlagen oder in wilde KZs gebracht.

Kampf um die Straße

Die Aktivität der Roten Hilfe von 1929 bis 1933 muss vor dem Hintergrund einer ständig anwachsenden Zahl bürgerkriegsähnlicher Auseinandersetzungen zwischen den paramilitärischen Verbänden der rechten und linken Parteien sowie der Polizei einerseits und einem fortschreitenden Demokratieabbau durch Notverordnungen, Schnellgerichte und Organisationsverbote andererseits gesehen werden. Zwar lässt sich die Situation in München nicht mit Städten wie Berlin vergleichen, in denen es bei Schießereien oder Straßenkämpfen zu zahlreichen Toten kam. Doch auch in München häuften sich ab 1929 gewalttätige Zusammenstöße zwischen links stehenden Arbeitern und der SA mit Verletzten und Festnahmen. Unterlagen der Polizeidirektion München im Bayerischen Staatsarchiv geben einen Eindruck davon. Ermittelt wurde zumeist gegen junge Arbeiter, denen tätliche Übergriffe auf Nationalsozialisten vorgeworfen wurden. Die Auseinandersetzungen verliefen stets nach einem ähnlichen Muster. Uniformierte und häufig bewaffnete Nazis marschierten in provokativer Absicht durch »rote« Arbeiterviertel. Wenn Anwohner sie daran hindern wollten, kam es zur

---

[95] Bauer, Graf, 197. Zu Hannes Königs Rote-Hilfe-Mitgliedschaft siehe Margarete Gröner (Hg.): Hannes König – Der Sohn Karl Valentins?, München 1994, 17. Über seine Verurteilung zu Haft steht in diesem Buch nichts. Im Archiv des Valentin-Musäums befindet sich noch ein Stapel der Rote-Hilfe-Zeitschrift »Tribunal« aus dem Besitz von Hannes König.
[96] Bauer, Graf, 412f.

Schlägerei bis die Polizei eingriff. Am Ende fanden sich Arbeiter, die ihr Revier verteidigen wollten, auf der Anklagebank wieder, während sich die Nazis als die Opfer kommunistischer Gewalt präsentieren konnten.

Die Rote Hilfe unterstützte die angeklagten Arbeiter mit Rechtsberatung, sie stellte ihnen Verteidiger für den Prozess und mobilisierte Sympathisanten zum Gerichtssaal. Die Verhörprotokolle der Polizei ergeben ein typisches »Täterprofil«. Die Angeklagten waren männlich und Anfang 20, ledig und häufig religionslos. Oft leben sie noch bei ihren Eltern in traditionellen Arbeitervierteln wie Haidhausen oder Giesing. Sie hatten eine handwerkliche Lehre hinter sich oder waren ungelernte Hilfsarbeiter, die nach Beginn der Weltwirtschaftskrise 1929/1930 erwerbslos wurden und auf die Unterstützungszahlungen der Wohlfahrt zwischen 14 und 40 Mark im Monat angewiesen waren. Der häuslichen Enge entflohen die jungen Männer in die Kneipe, wo sie Schicksalsgenossen beim Bier trafen. Mit der Erwerbslosigkeit folgte die Politisierung. Viele der nach Auseinandersetzungen mit Nazis Festgenommenen gaben im Verhör an, 1930 oder 1931 Mitglied der Rote Hilfen geworden zu sein. Manche gehörten zusätzlich dem im September 1930 von der KPD als Nachfolgeorganisation des verbotenen Roten Frontkämpferbundes gegründeten, offiziell überparteilichen »Kampfbund gegen den Faschismus« an. Nur eine Minderheit gab an, Mitglied der KPD zu sein. Einige verließen die Partei bereits nach einem halben Jahr wieder, blieben aber Mitglieder der Roten Hilfe. In der Zeit der Straßenkämpfe und Ausnahmegesetze bewies die Rote Hilfe auch ideologisch nicht gefestigten Arbeitern ihren praktischen Nutzen als eine Art Rechtshilfeversicherung.[97]

Schläge für ein »wanderndes Hakenkreuz«

Die sozialdemokratische »Münchner Post« vom 20. Juni 1930 schildert anlässlich eines Prozesses gegen fünf Jungarbeiter ei-

---

[97] Da KPD-Mitgliedschaft als Hochverrat ausgelegt werden konnte, haben einige der Festgenommenen ihre Parteimitgliedschaft sicherlich verschwiegen. Zu den Sozialdaten der Festgenommenen siehe z.B. StaM Pol.Dir. München 6893, 192, 205; Pol.Dir. München 6897, 15, 16, 17.

nen typischen Vorfall aus dem Glockenbachviertel. »Durch die Geyerstraße ging am 6. April, abends zwischen 10 und 11 Uhr, stolz ein älterer Hitlermann in Uniform. Plötzlich kamen aus einer Wirtschaft drei und später noch zwei junge Arbeiter und fielen über das einsam wandernde Hakenkreuz her. Es handelte sich um zwanzigjährige Burschen, zum Teil Mitglieder der Kommunistischen Partei. Der Überfallene zog mit einem Male einen Revolver und suchte damit seine Gegner einzuschüchtern. Während daraufhin von rückwärts erneut mit Fäusten und Füßen eingeschlagen wurde, ging ein Schuss in die Luft.«[98] Der Nazi erlitt Verletzungen am Bein und im Gesicht. Außer seinem Revolver hatte er ein Messer mit 25 Zentimeter langer Klinge bei sich, das ihm die Arbeiter abnahmen.

Die kommunistische Neue Zeitung versuchte den Vorfall, den sie wohl aus propagandistischen Gründen in das »rote Giesing« auf der anderen Isar-Seite verlegt hatte, als präventive Selbstverteidigung darzustellen: »Es sind sonderbare harmlose Passanten, die provozierend durch das rote Giesing wandern und ein Waffenarsenal in der Tasche tragen. Es scheint, dass der Kaufmann Fritz nur etwas zu spät gekommen ist, dass die Giesinger Arbeiter flinker waren als der Uniformträger.«[99] Dem Völkischen Beobachter ist zu entnehmen, dass es sich bei dem Nazi keineswegs um einen harmlosen Mitläufer handelte: »Es sind fünf kräftige, zum Teil verwahrloste Kerle, deren Äußeres schon den Mangel jeder Art von Erziehung und Disziplin verrät. Sie haben in der Nacht des 6. April den Kaufmann Fritz, der als Truppführer des Sturms 5 der NSDAP im Braunhemd durch die Geyergasse nach Hause ging, überfallen und zu Boden geschlagen.[100] Der 1881 in Wien geborene Kaufmann Richard Fritz gab bei der Polizeivernehmung an, seit 1925 der NSDAP und seit 1926 der SA anzugehören.[101]

Vor dem Gericht in der Au gaben die Jungarbeiter zu, den Nazi aus Ärger über die SA-Uniform sowie unter Alkoholeinfluss

---

[98] Überfall auf Nazisozi, Münchner Post 20. Juni 1930.
[99] Der harmlose SA-Mann, NZ 20. Juni 1930.
[100] Wieder waren Kommunisten die Angreifer, Völkischer Beobachter vom 19./20.6.1930.
[101] StaM Pol.Dir. München 6893, 195 Referat VI a F. 527/548 Vernehmung von Fritz Richard am 7. April 1930.

angegriffen zu haben. »Weil i a Wut hob an eana« – gemeint waren die Nazis –, rechtfertigte sich der Angeklagte Johann August Stangl.[102] Der 22-jährige erwerbslose Schlosser aus Giesing gehörte seit Ende 1929 der Roten Hilfe an, Mitglied der KPD oder einer anderen Partei war er nach eigenen Aussagen nicht. Stangl und die vier anderen Angeklagten wurden zu jeweils einem halben Jahr Haft wegen gefährlicher Körperverletzung verurteilt. Zwei Jungarbeiter mussten zusätzlich eine Geldstrafe von 30 Mark wegen Diebstahls zahlen: Sie hatten die SA-Mütze des Nazis mitgenommen. Die Tat habe nichts mit Politik zu tun, sondern sei eine unglaubliche Rohheit und Feigheit, begründete Amtsrat Simon das Urteil und führte als eine Art Freibrief für die Zukunft hinzu: »Man muss sich wundern, dass er [der Nazi] nicht eher von seiner Waffe Gebrauch gemacht und zu schießen angefangen hat«.[103] Die Verurteilten wurden mit der so genannten Zange von Polizisten in Pickelhauben aus dem Saale geführt, eine demütigende Art der Fesselung, die offenbar bevorzugt gegen Angehörige der Arbeiterschaft angewendet wurde. Als Lehre aus diesem »Urteil der Klassenjustiz« rief die Neue Zeitung dazu auf, der »Justizoffensive gegen die revolutionäre Arbeiterschaft« eine Massenmobilisierung für die Rote Hilfe entgegen zu setzen.[104]

Keilerei am Candidplatz

Provokativ versuchten neun Nazis in SA-Uniformen am 13. Juli 1932 auf dem Weg zu einer Wahlkampfveranstaltung zwischen Fußball spielenden Jungarbeitern und Besuchern eines Varietes am Giesinger Candidplatz hindurch zu marschieren. Bei dem »beschleunigten Hinauswurf der braunen Helden aus dem Stadtteil«[105] wurden die Nazis verletzt. Schließlich griffen zwei Überfallkommandos der Polizei ein und nahmen mehrere Arbeiter fest. Im Oktober 1932 standen acht junge Arbeiter aus Gie-

---

[102] Überfall auf Nazisozi, Münchner Post 20. Juni 1930; Wieder waren Kommunisten die Angreifer, Völkischer Beobachter vom 19./20.6.1930.
[103] Überfall auf Nazisozi, Münchner Post 20. Juni 1930.
[104] Der harmlose SA-Mann, NZ 20.Juni 1930.
[105] Ausnahmegericht gegen Giesinger Antifaschisten, NZ 13. Oktober 1932.

sing vor dem Münchner Landgericht. Der Vorwurf lautete auf Landfriedensbruch. Um den Angeklagten moralischen Beistand zu leisten, hatte die Rote Hilfe so viele Unterstützer zum Prozess mobilisiert, dass die Polizei den Justizpalast am Stachus sperren musste. Sympathisanten und Freunde der Angeklagten warteten in den Gängen des Gerichts, weil der Sitzungssaal überfüllt war. Im Verhör erklärten alle Angeklagten, parteilos zu sein, aber mit der KPD zu sympathisieren. Da die Rote Hilfe den Angeklagten in Untersuchungshaft Bücher und Briefe geschickt hatte, versuchte der Richter ihnen daraus einen Strick zu drehen. Sie seien wohl doch nicht parteilos, da sie in Verbindung mit der Roten Hilfe ständen.[106] Die Rote Hilfe hatte Rechtsanwalt Dr. Fritz Kahn II als Verteidiger für einige der Arbeiter engagiert. Kahn plädierte auf Freispruch, da ein »wirklicher Landfriedensbruch« mit »gemeinsamen Kräften« für die neun Nazis in Giesing ganz andere Folge gehabt hätte, als die offensichtlich nur leichten Verletzungen. Der als »Rädelsführer« angeklagte Johann Weber wurde von Rechtsanwalt Dr. Bandorf, offenbar einem vom Gericht gestellten Pflichtverteidiger, vertreten.[107] Dieser bürgerliche Anwalt bezichtigte laut der Neuen Zeitung die Rote Hilfe der Frivolität, »da es doch die Sache des Gerichts sei, einen jungen Menschen zurückzuführen zu seinem Volk«[108]. Weber erhielt ein Jahr Gefängnis, ein weiterer Angeklagter acht Monate, vier wurden freigesprochen. Ein Arbeiter erhielt drei Monate und einen Tag Haft. In diesem Fall kam zum Vorwurf des Landfriedensbruchs noch Hehlerei dazu, da der Verurteilte einen bei der Keilerei erbeuteten Lederriemen eines Nazis gegen Zigaretten eingetauscht hatte. Der »Finder« des Riemens wurde zu 10 Mark verurteilt.[109]

---

[106] Ausnahmegericht gegen Giesinger Antifaschisten, NZ 13. Oktober 1932.
[107] Möglicherweise handelt es sich um Robert Bandorf, der 1943 Harald Dohrn, den Schwiegervater von Christoph Probst im dritten Prozess gegen den Scholl-Schmorell-Kreis vor dem Münchner Sondergericht verteidigt hatte.
[108] Ausnahmegericht gegen Giesinger Antifaschisten, NZ 13. Oktober 1932.
[109] Die Keilerei am Candidplatz, Münchner Zeitung 12. Oktober 1932.

In der roten Einheitsfront gegen Faschismus

Angesichts immer dreisterer Naziüberfälle rief die Rote Hilfe im Sommer 1932 zusammen mit der KPD zur roten Einheitsfront auf. Unter roter Einheitsfront verstand man von parteikommunistischer Seite damals nicht ein Bündnis von KPD und SPD gegen die Nazis. Vielmehr appellierten KPD und Rote Hilfe an die sozialdemokratischen Arbeiter, unter Umgehung ihrer »sozialfaschistischen« Führung zusammen mit ihren kommunistischen Klassengenossen eine Einheitsfront an der Basis zu bilden – unter Führung der KPD. Auf einer überfüllten Wahlkundgebung der Roten Hilfe am 2. Juli 1932 im Mathäserkeller stand die Frage der antifaschistischen Einheitsfront im Mittelpunkt. Im einleitenden Referat beschränkte sich der Landesvorsitzende der Roten Hilfe Xaver Freiberger darauf, »das revolutionäre Ziel des deutschen Proletariats an Hand des Beispiels der Sowjetunion aufzuzeigen und den Weg der machtvollen, außerparlamentarischen Kampfaktionen zu weisen.«[110] Bei der anschließenden »freien Aussprache« kamen auch die anwesenden Sozialdemokraten und Linkssozialisten zu Wort. Als erster Diskussionsredner beklagte Gewerkschaftssekretär Koch vom Baugewerksbund die »Verkalkung« der Arbeiterorganisationen. Es gehe nicht um Schuldzuweisungen. Beide Parteien, KPD und SPD, müssten nun den Streit um den Weg zum Ziel zurückgestellen. Während die Redebeiträge aus dem Publikum den grundsätzlichen Willen vieler Sozialdemokraten zum gemeinsamen Kampf mit den Kommunisten verdeutlichten, verharrten die KPD-Funktionäre auch auf dieser Rote-Hilfe-Kundgebung auf ihrer sektiererischen Position. Nur ein Sozialdemokrat, der bereits das kommunistische Programm akzeptierte, konnte sich der von der KPD propagierten roten Einheitsfront unter ihrer Führung anschließen. Dies wurde deutlich im Schlusswort des KPD-Vertreters Heinrich Suderland, der sich vehement gegen eine Zusammenarbeit mit der SPD-Führung wandte. Trotz unzähliger Blutopfer der Arbeiterschaft sei durch den Verrat der SPD-Führer die Herrschaft des »kapitalistischen Sklavenhaltersystems« nur noch fester geschmiedet und die »heutige faschistische Gewaltherrschaft« vorbereitet worden. Ab-

---

[110] Rote Hilfe in der antifaschistischen Aktion, NZ 6. Juli 1932.

schließend zeigte sich Suderland zuversichtlich, dass »SPD, KPD, christliche und parteilose Arbeiter Schulter an Schulter für die deutsche sozialistische Räterepublik im freundschaftlichen Bündnis mit der großen Sowjetmacht kämpfen« werden.[111]

Ob Oskar Maria Graf an dieser Versammlung teilnahm, ist nicht bekannt. Doch in seinem 1936 im Exil verfassten Zeitroman »Der Abgrund« spiegeln sich die eigenen Erfahrungen mit dem zähen und vergeblichen Ringen der Arbeiterschaft um eine antifaschistische Einheitsfront gegen die linkssektiererische Politik der KPD-Führung und die Passivität der sozialdemokratischen Funktionäre. In seiner Autobiographie »Gelächter von außen« erinnert sich Graf an so eine Diskussion mit Max Holy, dem Leiter der Roten Hilfe:

»Ja, Herrgott«, fuhr ich ungeduldig hoch, »da haben wir nun die riesigen Gewerkschaften und zwei durchorganisierte Arbeiterparteien, die zahlenmäßig alle anderen Parteien weit übersteigen –! Könnt ihr euch denn nicht endlich einigen und das ganze reaktionäre Gesindel und den Hitler zum Teufel hauen? Ihr braucht nicht einmal wie beim Kapp-Putsch zu kämpfen! Ein wirklicher straff durchgeführter Generalstreik im ganzen Reich, und der ganze Spuk hört sich auf.«
»Versuch du, dich mit den SPDlern zu einigen! Die Proleten wollen's vielleicht, aber die Bonzen verbieten's, und sie kuschen. – Hahaha, und Generalstreik bei fünf Millionen Arbeitslosen –! Soll er schon kommen, der Hitler, lang hält sich der nicht, dann kommen wir. Durch diese Scheißgasse müssen wir ganz einfach.«
»Ihr gebt also auch schon auf? Ihr überlasst Hitler den Sieg –? Das ist derselbe Defaitismus wie bei den Sozialdemokraten«, warf ich ihm vor.
»Die Partei weiß, was sie will. – Was bei uns eine zeitweise Taktik ist, ist bei denen ein Dauerzustand«, hielt er mir entgegen.[112]

---

[111] Rote Hilfe in der antifaschistischen Aktion, NZ 6. Juli 1932.
[112] Graf, Gelächter, 466f.

Im Juli 1932 beteiligte sich die Rote Hilfe in München an einer »Massendemonstration« der KPD »gegen Faschismus«. Der durch den kommunistischen Landtagsabgeordneten Joseph Götz angemeldete Aufzug war mit schikanösen Auflagen belegt worden. So wurden Sprechchöre und Gesang gänzlich verboten, Musizieren musste in der Nähe von Kirchen rechtzeitig eingestellt werden. Schulpflichtigen Jugendlichen wurde die Teilnahme an der Demonstration ganz untersagt. Die Veranstalter mussten sich jede auf Transparenten getragene Parole einzeln genehmigen lassen. Unter den 27 schließlich zugelassenen Parolen fanden sich auch die Folgenden: »Fort mit allen Notverordnungen«, »Rote Einheitsfront gegen Faschismus, Hunger, imperialistischen Krieg!«, »Für die Freilassung aller eingekerkerten antifaschistischen Kämpfer und aller proletarisch politischen Gefangenen!« sowie »Die KPD ist die einzige antikapitalistische Partei«. Ausdrücklich verboten waren alle Hinweise auf die »Antifaschistische Aktion«, da unter dieser Losung organisierte außerparlamentarische Aktionen den »hochverräterischen Zielen« der KPD dienten. Für diesen Auflagenbescheid stellte das Polizeipräsidium Götz fünf Reichsmark in Rechnung.[113] Laut Polizeibericht versammelten sich zur Demonstration am 8. Juli, einem Freitag, um 18 Uhr Abends 5000 bis 6000 Teilnehmer auf dem Weißenburgerplatz in Haidhausen. Ein Drittel der Versammelten waren Frauen. Obwohl der Auflagenbescheid dies ausdrücklich untersagte, kamen zahlreiche Kommunisten im geschlossenen Anmarsch aus ihren Stadtteillokalen zur Demonstration. Die Route führte vom Weißenburgerplatz über den Mariahilfplatz in der Au nach Untergiesing zur Sachsenstraße. »An der Spitze fuhren über 300 Radfahrer mit roten Armbinden und roten Wimpeln. Ihnen folgten der ›Kampfbund gegen den Faschismus‹ und hernach stadtteilweise die Mitglieder der Partei und der ›Roten Hilfe‹. Ferner beteiligten sich an der Demonstration die kommunistischen Sportorganisationen, der Kommunistische Jugendver-

---

[113] Sta M, Pol. dir. München 6897, Blatt 44, Pol. Dir. München an Josef Götz, KPD Bezirk Südbayern, Theklastrasse 471, 6.7.1932; Blatt 44/1: Pol.Dir. München an Staatsministerium des Inneren, Kommunistische Demonstration am Freitag 8. Juli 1932, 15. Juli 1932.

band, die ›Revolutionäre Gewerkschaftsopposition‹ mit dem ›Einheitsverband für das Baugewerbe‹, eine kommunistische Studentengruppe, der ›Arbeiter-Esperantobund‹ und der ›Volkschor Freiheit‹. Auch Abordnungen der ›Sozialistischen Arbeiterpartei‹ und des ›Sozialistischen Schutzbundes‹ marschierten mit. Im Zuge wurde eine Menge roter Fahnen und eine Anzahl von Aufschriften mitgetragen, die nur zum Teil genehmigt waren«, vermerkt der Polizeibericht an das Innenministerium. »Je länger der Zug marschierte, desto hemmungsloser sangen und schrien die Demonstranten. Die fortwährenden ›Heil‹- ›Nieder‹- und ›Rotfront‹- Rufe fanden bei den Zuschauern, die in dichten Reihen in den Zugstraßen standen wenig Anklang. Auffallend war, dass Angehörige des Reichsbanners in Uniform wiederholt den Zug mit folgendem Sprechchor begrüßten: »Den Kameraden der roten Einheitsfront ein dreifaches ›Freiheit‹!« Auf der Schlusskundgebung in der Sachsenstraße führte Hauptredner Joseph Götz einen Rundumschlag gegen Nazis und Reichsregierung, Bayerische Volkspartei und die Führer der SPD. Mit dem Absingen der Internationale endete die Kundgebung gegen 20 Uhr offiziell. Als sich anschließend in Giesing und im Gärtnerplatzviertel Spontandemonstrationen formierten, wurden sie von Überfallkommandos der Polizei auseinandergetrieben. An der Ecke Fraunhofer/Klenzestraße stieß ein Streifenwagen auf 500 Demonstranten. Als die fünf Polizisten das Eindringen der Spontandemonstration in den Bannkreis verhindern wollten, wurden sie nach eigenen Aussagen mit Stöcken und Steinwürfen angegriffen. »Die Beamten, denen außerdem Fahrräder gegen die Brust und vor die Füße geworfen wurden, konnten sich nur durch ausgiebigen Gebrauch des Säbels und mit schussbereiten Pistolen durchsetzen und den Zug zur Auflösung bringen.«[114]

Repression

In Bayern konnte die Rote Hilfe während ihres gesamten Bestehens nur halblegal agieren. Ständig war sie Verboten und Re-

---

[114] Sta M, Pol. dir. München 6897, Blatt 44/1 f: Pol. Dir. München an Staatsministerium des Inneren, Kommunistische Demonstration am Freitag 8. Juli 1932, 15. Juli 1932.

glements ausgesetzt, Mitgliederversammlungen und öffentliche Kundgebungen wurden verboten. In die Organisation wurden auch Polizeispitzel eingeschleust.[115]

Selbst in Klassik-Konzerten, die von der Roten Hilfe veranstaltet wurden, sahen die bayerischen Behörden eine Gefahr für die öffentliche Ordnung. So verbot die Polizeidirektion München einen für den 18. Dezember 1925 im Colosseum geplanten Konzertabend zugunsten der proletarischen politischen Gefangenen und ihrer Angehörigen mit der Begründung, die Rote Hilfe verfolge ebenso wie die KPD den Bürgerkrieg zur gewaltsamen Beseitigung der geltenden Verfassung. Diesem Ziel diene auch der Konzertabend. »Der bayerische Staat muss auf tönernen Füßen stehen, wenn seine Sicherheit durch die Schallwellen eines Konzertes in Frage gestellt wird«, höhnte die Rote Hilfe in ihrer Presse, »solche starken Musiker hat es nur einmal gegeben: die Trompeter von Jericho.«[116]

Insbesondere zu Beginn der 30er Jahre wurden in Bayern zu »normalen Zeiten« nahezu alle öffentlichen Versammlungen der Roten Hilfe verboten. Nur während der Wahlkampfzeiten gestattete man ihr öffentliche Kundgebungen mit Bezug zur Wahl.[117] So hatte die Rote Hilfe für Samstag den 6. September 1930 im Zirkusgebäude am Marsfeld ursprünglich eine Solidaritätsveranstaltung für die proletarischen politischen Gefangenen und ihre Angehörigen geplant. Diese Kundgebung wurde von der Polizeidirektion München mit der Begründung verboten, es handle sich um eine »Wohlfahrtsveranstaltung«, die der Roten Hilfe nicht genehmigt werde. Daraufhin rief der Landesvorstand der Roten Hilfe für denselben Tag am selben Ort zu einer großen Wahlkundgebung unter der Parole »Fememöder frei! Proletarier im Zuchthaus! Wir fordern Vollamnestie!« auf, die stattfinden durfte.[118]

---

[115] Polizeispitzel in RHD München enttarnt, Tribunal Nr 6, 1. Juli 1930.
[116] Musik, die die Staatssicherheit gefährdet, Der Rote Helfer Nr 2, Februar 1926, 8. BA R 3003 ORA RG Sammlung Rote Hilfe 21, 4, Bericht des Zentralvorstandes der RHD für Dezember 1925, Berlin 23. Januar 1926, S. 3.
[117] Polizeiterror gegen die Rote Hilfe, NZ 15. Oktober 1932.
[118] Polizeiterror gegen Rote Hilfe und Kulturorganisationen, NZ 2.9.1930. HStA M Plakatsammlung Nr. 7804 Femeröder frei! Proletarier im Zuchthaus!, September 1930.

Allein zwischen Februar und April 1931 meldete die Rote Hilfe die Verbote von drei Mitgliederversammlungen im Münchner Westend, einer öffentlichen Versammlung in Pasing zum Jahrestag der Pariser Kommune von 1871 sowie ebenfalls in Pasing einen Unterhaltungsabend.[119] Im Winter 1931 beklagte die Rote Hilfe einen regelrechten Belagerungszustand. »In der Republik Bayern findet Haussuchung auf Haussuchung in den Büros und bei den Funktionären statt, wobei alles Material und sei es noch so harmlos, sogar Abrechnungsformulare der Organisation und Lieferscheine für den Tribunalversand, der Beschlagnahme verfalle.«[120] So könnten nicht einmal Mitglieder- und Funktionärsversammlungen stattfinden, ohne von der Polizei ausgehoben zu werden. Im Februar 1932 drohte der bayerische Justizminister Gürtner indirekt mit einem Verbot der Roten Hilfe, da deren Tätigkeit immer mehr einem ernsten Bedenken unterliege. Es müsse offen ausgesprochen werden, dass es sich hier um keine karitative, sondern um eine ausgesprochene politische Einrichtung handle.[121] Sogar Veranstaltungen im Rahmen des Wahlkampfes unterlagen jetzt Verboten.[122] Immer hieß es in der Begründung für Versammlungsverbote, die Rote Hilfe »ist eine kommunistische Kampforganisation und hat die Aufgabe, die politischen Aktionen der Partei, insbesondere die Herstellung der revolutionären Einheitsfront als grundlegende Vorbereitung für die Durchführung des bei der nächsten passenden Gelegenheit in Aussicht genommenen gewaltsamen Umsturzes zu unterstützen.«[123]

Laut Polizeibericht bereitete sich die Rote Hilfe in München Ende 1932 durch die Aufteilung ihrer Stadtteilorganisationen in kleinere Gruppen mit Namen wie »Stalin« oder »Scheringer« auf die Illegalität vor.[124] Auch illegale Quartiere wurden angesichts eines drohenden Verbots gesucht. »Ich sah meinen halbtotgehetzten Freund Max Holy auf der Straße vorbeisau-

---

[119] Verboten, verboten, verboten! Tribunal Nr. 8 1. Mai 1931.
[120] RH. unter Belagerungszustand, Tribunal Nr. 21, 15. November 1931.
[121] Gürtner droht mit »Rote Hilfe«-Verbot, NZ 19. Februar 1932.
[122] Terrorfeldzug gegen die Rote Hilfe, NZ 123, 23.6.1932.
[123] Verbotsterror gegen die Rote Hilfe, NZ 15. Oktober 1932.
[124] Pol. Dir. München, Lagebericht Bayern Nr.112, 3. Oktober 1932, StA Bremen 4,65–483.

sen. Er stoppte und hastete mir ins Ohr: »Du gehst nach Wasserburg aufs Land? – Schau rum, ob wir da und dort einen sicheren Bauern fürs Unterschlüpfen kriegen können«[125], erinnerte sich Graf an die letzte Begegnung mit dem Rote-Hilfe-Funktionär.

Rote Hilfe unter dem Faschismus

Die Regierungsübernahme des Hitler-Hugenberg-Kabinetts am 30. Januar 1933 wurde von KPD und Roter Hilfe zuerst nicht als qualitativer Wendepunkt, sondern lediglich als Fortsetzung des »Brüning-, Papen- und Schleicherfaschismus« verstanden. In den Tagen nach dem 30. Januar hielt sich Max Holy auf einer Sitzung des Zentralvorstandes der Rote Hilfe und der Bezirkssekretäre in Berlin auf. Als politischer Schwerpunkt wurde die außerparlamentarische Massenmobilisierung zur Wahl der KPD herausgestellt. Diese Schwerpunktsetzung zu einem Zeitpunkt, als mit einer freien Wahl nicht mehr zu rechnen war, spiegelte die falsche Einschätzung der Realität innerhalb der Roten Hilfe wieder.[126] Noch vor der Wahl schloss die Polizei am 1. März in München die Büros der KPD, der Roten Hilfe, der RGO, des Kampfbundes gegen den Faschismus und der Roten Sporteinheit sowie die Druckerei und die Redaktionsräume der Neuen Zeitung.[127] Einen Tag später wurden in Berlin die Räume des RHD-Zentralbüros in der Dorotheenstraße geschlossen und das Eigentum der Roten Hilfe zu Gunsten des Freistaates Preußen eingezogen. Aufgrund der Verordnung des Reichspräsidenten »zum Schutze von Volk und Staat« wurde die Rote Hilfe Mitte März reichsweit für illegal erklärt und jede weitere Betätigung unter schärfste Zuchthausstrafen gestellt.

In den Tagen vor der Reichstagswahl und noch am Wahltag, dem 5. März 1932, fanden bei einigen hundert Münchner Kommunisten Razzien statt, zahlreiche Genossen wurden verhaftet.

---

[125] Graf, Gelächter, 471.
[126] ZV RHD, Rundscheiben zur Wahl- und Märzkampagne, Berlin 4. Februar 1933, StA Bremen 4,65–485. Aus einem Bericht der Roten Hilfe vom 14. März 1933, SAPMO RY1/I4/4/27 Bl.1.
[127] DKP, Liste, 18.

Trotz des Terrors wählten noch 55.483 Münchner die KPD. Nach der Gleichschaltung Bayerns am 9. März wurden in München mehrere Hundert Kommunisten verhaftet.

Oskar Maria Graf, der Deutschland bereits am 17. Februar verlassen hatte, hatte seine Wohnung in der Hohenzollernstraße 23 (Rückgebäude) den beiden in die Illegalität abgetauchten KPD-Funktionären Sepp Götz und Fritz Dressel überlassen.[128] Der 1895 geborene Schlosser Joseph »Sepp« Götz war Landessekretär und Landtagsabgeordneter der KPD. Er gehörte zu den Mitbegründern der Roten Hilfe und hatte sich auch aufgrund eigener Haft- und Verfolgungserfahrungen für den Aufbau einer starken Solidaritätsbewegung für die politischen Gefangenen eingesetzt. Am 20. März 1933 wurde Götz in München festgenommen. Im neu eröffneten KZ Dachau war er der erste Häftling, der aufgrund seiner Proteste gegen die Ermordung von vier jüdischen Gefangenen in den »verschärften Arrest« eingewiesen und in einer »Bunker« genannten winzigen Isolationszelle gefoltert wurde. Als seinem Zellennachbar, dem südbayerischen KPD-Sekretär und Reichstagsabgeordneten Hans Beimler, in der Nacht auf den 9. Mai die Flucht aus dem KZ gelang, fielen SS-Männer über Götz her und ermordeten ihn mit einem Schuss in den Rücken.[129] Der 1986 geborene Tischler Fritz Dressel war Organisationssekretär der KPD und ab 1928 deren Fraktionsvorsitzender im Landtag. Am 3. Mai 1933 wurde Dressel von der SA verhaftet. Im KZ Dachau hetzten die Wachen Hunde auf Dressel und ließen ihn verbluten.[130] »Es war der erschütternste Augenblick meines Lebens«, schrieb Hans Beimler, der zu dem toten Genossen in die Zelle geworfen wurde. »Vor meinen Füßen auf dem Steinboden lag die zerschundene, mit dicken Beulen bedeckte Leiche meines langjährigen Kampfgenossen Fritz Dressel.«[131]

Graf befürchtete, dass seine Wohnung in der Hohenzollernstraße den beiden Freunden zur Falle geworden war. »Unser Schuster soll sie verraten haben«[132], mutmaßte er. Aber im Falle

---

[128] Recknagel, Bayer, 196.
[129] Weber, Kommunisten, 252; DKP, Liste, 21f.
[130] Weber, Kommunisten, 160f.
[131] Beimler, Mörderlager, 55.
[132] Bauer, Graf, 242.

von Dressel berichtete Hans Beimler, dass dieser eher zufällig bei einer Familie verhaftet wurde, die auch dem KPD-Stadtrat Hirsch als illegales Quartier diente.[133]

Max Holy war der ersten Welle von Massenverhaftungen entkommen. In einem Bericht der Bayerischen Politischen Polizei über die »kommunistische Bewegung in Bayern seit der nationalen Revolution für die Zeit von März bis Oktober 1933« heißt es: »Die ›Rote Hilfe‹ war diejenige kommunistische Nebenorganisation, die sich unmittelbar nach den Märztagen dieses Jahres wieder bemerkbar gemacht hat. Es war dies in Bayern vor allem der Tätigkeit des nun seit geraumer Zeit in Schutzhaft befindlichen Landesleiters der RH Bayern, Max Holy, zuzuschreiben. Max Holy bereiste ganz Bayern, um alle RH Ortsgruppen neu aufzubauen. Er war eben im Begriff, Fluchtverbindungen von Bayern nach Österreich herzustellen, als er in Freilassing festgenommen werden konnte. Seitdem hat sich die Rote Hilfe in organisatorischer Hinsicht nicht mehr besonders bemerkbar gemacht. Es fehlt an einem leitenden Funktionär...«[134]

Einen Aufschwung nahm die illegale Rote Hilfe erst wieder 1935. In München bestand Anfang des Jahres eine Ortsgruppe mit 160 Mitgliedern, die laut Polizei sogar über Kontakte zur NSDAP, SA und SS verfügte. Offensichtlich wurde die auch in anderen Reichsteilen erfolgreiche Taktik des »trojanischen Pferdes« angewandt und Rote Helfer arbeiteten zur Tarnung, aber auch zur Ausnutzung von Widersprüchen innerhalb der NS-Bewegung verdeckt in den Naziorganisationen. Das »Tribunal« und ein Rote-Hilfe-Kalender mit einem Tarnumschlag des Münchner Albert-Langen-Verlages wurden unter der Hand verbreitet.[135] Im Juni 1936 meldete die Bayerische Politische Polizei

---

[133] DKP, Liste, 19.
[134] Broszat, Bayern, 217.
[135] Abschrift aus den Tagesmeldungen des Gestapoamtes vom 6. Februar 1935. Die Gestapo bezieht sich auf eine Konferenz von RH-Leitern in Zürich, an der der für München zuständige Instrukteur Bruno Lindner teilnahm. Offenbar kam die Gestapo über Lindners Stellvertreter, den Gestapo-Spitzel Max Troll, an diese Informationen, BA R 58 433 Reichssicherheitshauptamt Blatt 117f.

dem bayerischen Innenminister Adolf Wagner, »dass im Laufe des Jahres 1935 in Südbayern systematisch eine gute und straffe Organisation der RH neu aufgebaut worden ist, wobei größter Wert auf die Schaffung und Propagierung der ›Volkshilfe‹, das ist die Einheitsfront aller anti-nationalsozialistisch gesinnten Volksgenossen zur Unterstützung aller politischen Gefangenen gleich welcher politischen Einstellung und Weltanschauung, gelegt wurde.«[136] So wurden im Abzugsverfahren Flugblätter für die Freilassung und Unterstützung der politischen Gefangenen hergestellt und verbreitet. Ein Flugblatt »an die katholische Bevölkerung Münchens« schlug anlässlich des Verbots der Caritassammlung die Organisierung eines gemeinsamen Kampfes für die Befreiung aller eingekerkerter Pfarrer, Ordenschwestern und Antifaschisten und die Schaffung von Selbstschutzorganisationen vor. Unter dem Deckmantel eines Esperantokurses hätten Rote Helfer versucht, Sozialdemokaten für eine gemeinsame »Volkshilfe« zu gewinnen. Nach intensiver Überwachung erfolgten 24 Festnahmen von Roten Helfern in Ramersdorf, Haidhausen, Giesing, Trudering, Tegernsee, Gmund und Marienstein bei Miesbach, die »sich nach den Feststellungen eifrig am organisatorischen Aufbau der RH beteiligt, illegale Schriften hergestellt, zur Unterstützung des revolutionären Kampfes der illegalen KPD eine rege Propagandatätigkeit insbesondere auch auf der Reichsautobahn entfaltet, Beiträge und Spenden für die Rote Hilfe kassiert, Sammlungen zur Unterstützung politischer Gefangener veranstaltet und wiederholt illegalen flüchtigen komm[unistischen] Funktionären illegale Quartiere gewährt oder vermittelt hatten.«[137] Unter den Festgenommenen waren ein ehemaliger Schutzhäftling, der bis Frühjahr 1935 zwei Jahre als KPD-Funktionäre im KZ Dachau war, sowie ein Mitglied eines katholischen Gesellenvereins. Die Verhafteten wurden wegen Hochverrats angezeigt.

Tatsächlich hatte der Aufschwung der Widerstandtätigkeit in München 1935 unter dem wachsamen Blick der Gestapo stattgefunden. Der Geheimpolizei war es gelungen, den unter sei-

---

[136] BHSTA M-Inn Nr. 71711 Fiche 1 und 2 Bay. Pol. Pol. 3.Juni 36 an Min. d.Inn. Adolf Wagner, München, Betreff: Rote Hilfe.
[137] Ebda.

nem Parteinamen »Theo« als unbedeutender KPD-Funktionär in Giesing tätigen Max Troll nach seiner Verhaftung im März 1934 im KZ Dachau als Spitzel anzuwerben. Neben seiner Freilassung bot ihm die Gestapo als Spitzellohn ein regelmäßiges Gehalt und eine Wohnung. Ende 1934 wurde Troll zum engsten Mitarbeiter von Bruno Lindner, dem für München zuständigen Instrukteur der KPD-Leitung. »Alle Adressen der Mitglieder und Anlaufstellen in Bayern, die Postadressen des Auslandes (Schweiz und Tschechei), Geheimmaterial, Geheimkodex, die Zusammensetzung unserer synthetischen Tinte usw. [...] wurden nun an Troll ausgeliefert und damit der Gestapo [...]«[138], bekannte der leitende Münchner Rote-Hilfe-Funktionär Karl Jakobi. Ziel der Gestapo war nicht nur die Zerschlagung des aktiven kommunistischen Widerstands, sondern auch das Aufrollen des sympathisierenden Umfeldes. Daher verzichtete sie zunächst auf Massenverhaftungen. Regelmäßig belieferte Troll die Stadtteilgruppen der Roten Hilfe mit illegalen Schriften, die er von der Außenstelle in Zürich besorgt hatte. So konnte die Gestapo Aktivisten mit Beweismaterial in der Tasche »auf frischer Tat« ertappen und dann bis 1936 eine Münchner Stadtteilgruppe von KPD und Roter Hilfe nach der anderen aufrollen.[139] Lediglich die seit 1934 bestehende kommunistische Widerstandsgruppe in den Agfa-Werken an der Tegernseer Landstraße in Giesing sammelte noch bis zur Verhaftung ihres Leiters Ludwig Heigel im Jahr 1937 Spenden für die Rote Hilfe.[140]

Dachauer Chronik

Im österreichischen Exil machte sich Oskar Maria Graf 1933 Notizen für eine geplante »Dachauer Chronik« und sammelt die ihm bekannten Namen der ersten KZ-Opfer: »Max Holy, einer der aufrechtesten und mutigsten Kommunisten Südbayerns [...] war bereits über die österreichische Grenze gekommen und hatte in Salzburg bei einem Kommunisten Unterkunft gefunden. Er wurde aber bei einer Polizeirazzia festgenommen und in

---

[138] Detjen, Staatsfeind, 83.
[139] Detjen, Staatsfeind, 86.
[140] Köllmayr, München, 70.

Hallein der SA übergeben. In München erzählte man sich, Holy sei ermordet und die Leiche bereits eingeäschert. Ein Spitzel, der dieser Besprechung beiwohnte, veranlasste, dass man offiziellerseits dieses ›Gerücht‹ dementierte. Was mit Holy geschehen ist, weiß man bis heute nicht. Joseph Götz – der ›Götz-Sepp‹ – ein sehr beliebter Münchner KPD-Mann ist erschlagen worden. Ungewissheit herrscht über das Schicksal des bekannten Münchner Rote-Hilfe Redners und bei Freund und Feind geachteten Kommunisten Freiberger. Ein Bericht besagt, F. sei längst tot, ein anderer lautet, er sei in Dachau Korporalschaftsführer.«[141] Tatsächlich war Freiberger unter den ersten Kommunisten, die im März ins KZ Dachau gebracht wurden. Dort bekam er die Erlaubnis zum Aufbau einer Schreinerwerkstatt, in der er die ersten Möbel für die Gefangenenunterkünfte fertigte. Als die SS am 11. April die Befehlsgewalt im Lager übernahm, wurde allgemeiner Arbeitszwang angeordnet und die Häftlinge mussten Sklavenarbeit für die Nazis leisten. Freiberger wurde später aus dem KZ entlassen, zog 1937 nach Erding und verstarb am 6. Dezember 1950 in München.[142]

Max Holy blieb von seiner Festnahme Ende April 1933 bis zur Befreiung des KZs durch die US-Truppen 1945 im Lager Dachau gefangen. Ab Herbst 1945 war er im Entnazifizierungskomitee unter der Leitung von Staatsminister Heinrich Schmitt tätig. Als Leiter der Personalabteilung mit dem Rang eines Ministerialrats im Staatsministerium für Sonderaufgaben forderte er eine paritätische Besetzung der Spruchkammern. Dies wurde von der US-Militärregierung für Bayern (OMGB) abgelehnt. Am 23. April 1946 wurde Holy auf Druck des OMGB mit dem Vorwurf entlassen, unter Beteiligung seines Bruders Rudolf innerhalb des Ministeriums einen »kommunistischen Nachrichtendienst« aufzubauen. 1946 wurde Holy Landessekretär der KPD in Bayern.[143] Graf traf Holy »erst als gesundheitlich ruinierten, lungenkranken Mann« auf seinem ersten Deutschland-

---

[141] Graf, Reden und Aufsätze, 36.
[142] Richardi, Blindgängerbeseitigungskommando, 8. Freibergers Meldekarte im Stadtarchiv München enthält keine Vermerke über eine KZ-Haft. (EWK 65/F 175).
[143] Kabinett Hoegner, 454, Fußnote 24.

besuch nach dem Ende des Faschismus im Jahr 1958 wieder. ›Er zeigte mir das aufgelassene Konzentrationslager Dachau, wo er von 1933 bis 1945 alle Qualen eines unbeirrbaren politischen Gefangenen durchstanden hatte. ›Jetzt machen sie ein Museum und Parkanlagen draus, statt dass sie den dreckigen Schindanger stehenlassen, wie er war‹, sagte er leicht verbittert: ›Fürs mitfühlende Besucherpublikum wird die Menschenmetzgerei chemisch gereinigt und überpoliert. – Es lebe der Fremdenverkehr! du siehst, auch Hitler hat allerhand dafür getan. Holy starb kurz darauf.‹«[144]

»Der Abgrund« als Rote Hilfe-Roman

Mit seinem 1936 im Exil verfassten »Zeitroman« »Der Abgrund« hat Graf der Roten Hilfe ein literarisches Denkmal gesetzt. Eigentliches Thema von »Der Abgrund« ist die kampflose Kapitulation der bürokratisierten und legalitätsbesessenen Sozialdemokratie vor den Nazis. Positive Identifikationsfigur ist der junge Arbeiter Joseph Hochegger. Obwohl er sich organisatorisch nicht von der Sozialdemokratie trennen kann, schlägt sein Herz angesichts des Versagens der SPD für die Kommunisten. Josef engagiert sich in München bei der Roten Hilfe und nach seiner Flucht zusammen mit seiner Frau Klara im illegalen Beratungsdienst der österreichischen Roten Hilfe in Wien. »Klara las endlich im ›Neuen Wiener Tageblatt‹ die Losung und fand in das Versteck der ›Roten Hilfe‹. Da waren fremde Genossen, die Tag und Nacht schufteten. Versprengte und Gefährdete wurden verboten, mit falschen Papieren und Geld versehen und auf die Flucht gebracht.«[145]

Wie für seine Romanfigur Joseph Hochegger war für Oskar Maria Graf die Rote Hilfe eine Möglichkeit, von unten an der Einheit der Sozialisten mitzuwirken. Für den Tatmenschen Graf stand dabei immer die praktische Solidarität über Parteigrenzen hinweg im Vordergrund vor sektiererischen Streitigkeiten oder bürokratischer Verkrustung der Arbeiterparteien. Zwar glaubte Graf an die Zukunft des Sozialismus und zeichnete auch einen

---

[144] Graf, Gelächter, 471.
[145] Graf, Abgrund, 454.

Wahlaufruf für die KPD. Doch einen Parteieintritt verweigerte er im Interesse einer Einheitsfront, »da ich bei den Arbeitern stehen will und weder die von der SP, von den Gewerkschaften noch von der KP als Genossen verlieren will.«[146]

Verwendete Literatur

Bauer, Gerhard: Oskar Maria Graf – Ein rücksichtslos gelebtes Leben, München 1994.

Beimler, Hans: Mörderlager Dachau, Berlin 1976 (Erstauflage 1933).

Bollenbeck, Georg: Oskar Maria Graf mit Selbstzeugnissen und Bilddokumenten dargestellt, Reinbek bei Hamburg 1989.

Brauns, Nikolaus: Schafft Rote Hilfe! Geschichte und Aktivitäten der proletarischen Hilfsorganisation für politische Gefangene in Deutschland (1919 – 1938), Bonn 2003.

Brauns, Nikolaus: Einigung des revolutionären Proletariats ... in der Roten Hilfe: Rätekommunisten, Syndikalisten, Anarchisten und die Rote Hilfe, in: Mühsam-Magazin 10/2003.

Broszat, Martin/Hartmut Mehringer (Hg.): Bayern in der NS-Zeit V. Die Parteien KPD, SPD, BVP in Verfolgung und Widerstand, München 1983.

Bundesvorstand der Roten Hilfe e.V. (Hg.): Vorwärts und nicht vergessen – 70/20 Jahre Rote Hilfe, Kiel 1996.

Christoph, Jürgen: Die politischen Reichsamnestien 1918–1933, Frankfurt am Main u. a. 1988.

Das Kabinett Hoegner I, 28. September 1945 bis 21. Dezember 1946. Hg. von der Historischen Kommission bei der Bayerischen Akademie der Wissenschaften und der Generaldirektion der Staatlichen Archive Bayerns. Bearb. von Karl-Ulrich Gelberg. 2 Bde. München 1997

Detjen, Marion: »Zum Staatsfeind ernannt...« – Widerstand, Resistenz und Verweigerung gegen das NS-Regime in München, München 1998.

DKP München (Hg.): Die wiedergefundene Liste. Porträts von Münchner Kommunistinnen und Kommunisten die im antifaschistischen Widerstandskampf ihr Leben ließen, München 1989.

Deutsche Liga für Menschenrechte: Acht Jahre politische Justiz. Das Zuchthaus – Die politische Waffe, Berlin 1927.

Einheitskomitee für Arbeiterdelegationen (Hg.): Was sahen 58 deutsche Arbeiter in Russland? Bericht der deutschen Arbeiter-Delegation über ihren Aufenthalt in Rußland vom 14.Juli bis zum 28.August 1925, Berlin 1925.

Gängel, Petra: Die rote Hilfe Deutschlands und »ihre« Rechtsanwälte im Kampf gegen die politische Justiz der Weimarer Republik, Unveröffent-

---

[146] Oskar Maria Graf an Kurt Rosenwald, 1.10.1947, zit. bei Bauer, Graf, 196.

lichte Dissertation, Akademie für Staats- und Rechtswissenschaft der DDR Potsdam 1985.
Gebhardt, Manfred: Max Hoelz – Wege und Irrwege eines Revolutionärs, Berlin 1983.
Gemkow, Heinrich: Traditionen deutsch-polnischer revolutionärer Solidarität. Der Kampf der Roten Hilfe Deutschlands gegen den weißen Terror in Polen, in: Zeitschrift für Geschichtswissenschaft 17/1969, 718–738.
Giersich, Peter/Bernd Kramer: Max Hoelz – Sein Leben und sein Kampf, Berlin 2000.
Graf, Oskar Maria: Der Abgrund – Ein Zeitroman, Frankfurt am Main 1985 (nach der Erstausgabe von 1936).
Graf, Oskar Maria: Gelächter von Außen – Aus meinem Leben 1918–1933, München 1966.
Graf, Oskar Maria: Reden und Aufsätze aus dem Exil, Hg. von Helmut F.Pfanner, München 1989.
Graf, Oskar Maria: Oskar Maria Graf in seinen Briefen, Hg von Gerhard Bauer und Helmut F. Pfanner, München 1984
Gröner, Margarete (Hg.): Hannes König – Der Sohn Karl Valentins?, München 1994.
Hannover, Heinrich/Elisabeth Hannover: Politische Justiz 1918 – 1933, Frankfurt am Main 1966.
Hering, Sabine/Kurt Schilde (Hg.): Die Rote Hilfe. Die Geschichte der internationalen kommunistischen »Wohlfahrtsorganisation« und ihrer sozialen Aktivitäten in Deutschland (1921–1941), Opladen 2003.
Hoelz, Max: Vom »Weißen Kreuz« zur roten Fahne, Frankfurt am Main 1984.
Internationale Rote Hilfe: Sacco und Vanzetti. Der Kampf der Millionen, Berlin 1928.
Köllmayr, Friedrich: Unser München – Antifaschistischer Stadtführer, Frankfurt am Main 1988.
König, Günter: Der Kampf der Roten Hilfe Deutschlands gegen die Klassenjustiz der Weimarer Republik und für die Freilassung der proletarisch-politischen Gefangenen in der Periode der Weltwirtschaftskrise, Unveröffentlichte Dissertation, Philosophische Fakultät Karl-Marx-Universität Leipzig 1967.
Mühsam, Erich: Gerechtigkeit für Max Hoelz, Berlin 1926.
Recknagel, Rolf: Ein Bayer in Amerika – Oskar Maria Graf, Leben und Werk, Berlin 1984.
Rote Hilfe Deutschlands: Statuten der Roten Hilfe Deutschlands, Berlin 1924.
Rote Hilfe Deutschlands: Folterkammer Amerika. Sieben Jahre Sacco und Vanzetti, Berlin 1927.
Rote Hilfe Deutschlands: Sozialdemokraten, parteilose Arbeiter und die Rote Hilfe, Bericht vom 2.Reichskongreß der RHD am 21. und 22. Mai 1927 in Berlin, Berlin 1927.
Richardi, Hans-Günter: Leben auf Abruf – Das Blindgängerbeseitigungskommando aus dem KL Dachau in München 1944/45, Dachau 1989

Schneider, Heinz-Jürgen/Erika Schwarz/Josef Schwarz: Die Rechtsanwälte der Roten Hilfe Deutschlands. Politische Strafverteidiger in der Weimarer Republik, Bonn 2002.

Souchy, Augustin: Sacco und Vanzetti, Frankfurt am Main 1977.

Weber, Hermann/Andreas Herbst: Deutsche Kommunisten – Biographisches Handbuch 1918 bis 1945, Berlin 2004.

Zelt, Johannes: ... und nicht vergessen – die Solidarität! Aus der Geschichte der Internationalen Roten Hilfe und der Roten Hilfe Deutschlands, Berlin 1960.

Zelt, Johannes: Proletarischer Internationalismus im Kampf um Sacco und Vanzetti, Berlin 1958.

Zeitungen und Zeitschriften

Neue Zeitung (NZ)
Münchner Neueste Nachrichten (MNN)
Münchner Zeitung (MZ)
Völkischer Beobachter
Der Rote Helfer – Organ der Roten Hilfe
Tribunal – Illustrierte Justizzeitung
MOPR – Zeitschrift für Arbeit und Kampf der Internationalen Roten Hilfe
Die Rote Fahne

Archive

Staatsarchiv München (StA M)
Stadtarchiv München
Bayerisches Hauptstaatsarchiv München (BHStA)
Bundesarchiv Berlin-Lichterfelde (BA)
Stiftung Archiv der Parteien und Massenorganisationen der DDR im Bundesarchiv (SAPMO)
Staatsarchiv Bremen (StA Bremen)

Anhang I

Oskar Maria Graf schreibt zum Weltkongress der Internationalen Roten Hilfe an den Zentralvorstand der RHD

Die unüberwindbare Kraft wahrer Solidarität

Zum bevorstehenden Weltkongress der IRH in Moskau anlässlich des zehnjährigen Bestehens dieser außerordentlich wertvollen proletarischen Hilfsorganisation sende ich Euch meinen aufrichtigen Glückwunsch. Man hat es heute nicht mehr nötig, die Verdienste der Internationalen Roten Hilfe aufzuzählen. – Jeder Revolutionär, jeder klassenbewusste Prolet, jeder freiheitlich denkende Intellektuelle kennt sie. Fast aus einem Nichts ist diese gewaltige Organisation hervorgegangen und zählt heute Millionen zu ihren Mitgliedern und nicht nur das!

Übersieht man die zahllosen Aktionen der RH, so spürt man die unüberwindliche Kraft wahrer Solidarität. Im Zeichen des verschärften reaktionären und faschistischen Terrors, in einer Epoche, da die kapitalistische regierten Länder dazu übergehen, dem Proletariat alle Rechte zu rauben, in einer Situation, da selbst der harmlose pazifistische Intellektuelle (siehe den Fall ›Weltbühne‹) zum Landesverräter erklärt wird und wegen längst bekannter Tatsachenveröffentlichung ins Zuchthaus muss – in so einer Zeit internationaler Annäherung ans Mittelalter, ist eine Organisation wie die Rote Hilfe geradezu Schützerin von Zivilisation und Kultur:

Sie steht nicht nur bei den ungerecht Verurteilten und Gefangenen, sie tritt überall da mit aller Kraft auf den Plan, wo der einfachsten Menschlichkeit durch brutale Machtmittel alle Wirkung genommen wird. Darum schon muss die IRH in die verstecktesten Winkel der ganzen Welt getragen werden, darum vor allem ist sie so ins Große gewachsen, darum wird jeder, der überzeugt ist von der Schlagkraft internationaler Solidarität der Unterdrückten, diesen zehnten Geburtstag von Mut und Begeisterung, voll Zuversicht und mit dem Gelöbnis feiern:

Die Internationale Rote Hilfe sie uns allen stets ein Beispiel und Ansporn im Kampf um die Erringung einer Weltordnung, in welcher der Grundsatz wahrhaft wirkt: ›Einer für alle! Alle für einen!‹«[147]

Anhang II

Eine Besucherin des OMG-Stammtisches, Frau Judith Kemeter, Schwiegertochter der Anni Kemeter (1908–1992), geb. Olschewski, brachte uns Briefe OMGs an Anni K. aus der Zeit nach seinem ersten München-Besuch: Aufschlussreich belegen sie Grafs anhaltendes Interesse für die Mitglieder der Roten Hilfe. Bevor im Rahmen einer eigenen Graf-Brief-Edition eine Veröffentlichung möglich ist, mag dieses erste Schreiben bezeugen, welche Heimat-Kontakte für Graf wesentlich waren.

29. July 59

Liebe, liebe Anni Olschewski!

Mein Gott, war das eine Freude, als ich heut Deinen Brief mit der kleinen Sache vom Prinzen Konstantin bekam! Freude und Traurigkeit mischten sich, denn es stiegen sofort alte Erinnerungen auf. (Dieser Tage bekam ich ja auch die Nachricht, dass unser lieber Freund Holymax gestorben ist. Ich war mit ihm in Muenchen zusammen und er und Gleinser mussten mir das Lager Dachau genau zeigen, dann hatte ich von Bayern und Deutschland genug und flog ab.)

Ja, ich erinnere mich noch gut an Dich – ach, warum steht soviel schrecklich Trauriges in Deinem Brief. Vater tod, umgebracht, die ganze Familie musste fort – ich spuere, wie beklommen ich dabei werde. Und da kamen mir in Muenchen die »froehlichen Kollegen« entgegen und streckten mir die sauberen Haende hin, als waer nie was gewesen. Ich wusste zu genau Bescheid und sagte nur jeweils ohne diese Haende zu druecken: »Einen Moment, wo waren wir denn beim Hitler, Herr?« Das hat sie verschnupft, die feinen Herrn. Ich bin auch nie bei irgendwelchen »Festlichkeiten« gewesen, man hat mich meist gar nicht mehr eingeladen und ich war draussen auf dem Land bei den Bauern.

---

[147] Tribunal Nr. 16, Ende November 1932, S. 6.

Haette ich gewusst, wo Du bist, ich waer sicher zu Dir gekommen, ich hab ja grad die alten Genossen und sicheren Freunde sehen wollen, das Grab meiner Mutter und das von Thomas Mann.

Schreib mir, bitte, hin und wieder Genaueres ueber das Schicksal alter Genossen und ueber das Verhalten scheinbarer Freunde.

Das nur in aller Eile fuer heute als Zeichen, dass ich keinen vergessen habe, der mit mir und uns war. Kennst Du Muellerfranzl und die Haags (Lina hat das Buch geschrieben »Eine Hand voll Staub«)? Die waren auf dem Flugplatz, als ich ankam, ich konnte sie aber leider nicht aufsuchen in dem Trubel, ich musste zu oft weg aus Muenchen. Ich hatte zuviel mit Verlegern, Rundfunk und Television zu tun in anderen Staedten. Wenn Du Lina kennst, gruesse Sie und sage Ihr, sie soll mir nicht boes sein, ich habe sie nicht vergessen, und wenn ich das naechste Mal komme, suche ich sie bestimmt auf.

Ich schicke Dir einige Prospekte, da erfaehrst Du vielleicht was von mir, was Du noch nicht weisst. Und jetzt schliesse ich vorlaeufig und wuensche Dir alles Gute und bitte Dich, den Kontakt mit mir nicht mehr abreissen zu lassen. Man muss sich bloss ab und zu einige Worte schreiben, damit man weiss wie jeder dran ist.

Herzlich Dein

Wilhelm Olschewski (1871–1943) 1919 im Gefängnis Niederschönenfeld, wo er mit anderen Beteiligten an der Räterevolution sieben Jahre gefangen saß; später redigierte er die Neue Zeitung.

Wilhelm O. zusammen mit seinem Sohn Willy Olschewski jun. (1902–1944); nachdem beide schon 1933 in Dachau inhaftiert waren, wurden sie am 4. Februar 1942 mit einer größeren Münchner Widerstandgruppe erneut verhaftet und später an unterschiedlichen Daten in Stadelheim hingerichtet.

Hans Dollinger
»Graf war hinterfotzig, glänzend gelaunt, grob und lyrisch ...«

Erinnerung an die heute vergessene Freundschaft zwischen Oskar Maria Graf und dem Kulturphilosophen Ludwig Marcuse

Sie haben sich Anfang der Zwanziger Jahre in München kennengelernt: Er, Oskar Maria Graf, »ein Extrovert mit Beinen und Armen und Lache«, und der bei Ernst Troeltsch frisch promovierte spätere Literaturprofessor Ludwig Marcuse (1894–1971), der »mit nüchterner Wahrheit« feststellte, »dass ich Dich sehr gern habe, mit Vorsicht – die Vorsicht besteht darin, dass ich nie vergesse, dass Du ein Filou bist. Aber es gibt liebe Filous und böse – und Du gehörst zu dem ersten Genre.« So charakterisierte Marcuse seinen auch im Exil nie aus den Augen verlorenen Freund, als er ihm 1954 zum 60. Geburtstag von Beverly Hills aus nach New York gratulierte.

Wenige Monate zuvor, im Februar 1954, hatte Graf Ludwig Marcuse zu dessen Sechzigstem einen Brief geschrieben, in dem wir lesen: »Lieber Ludwig, ich hoffe, Du wirst mirs wirklich nicht übel nehmen, wenn ich bloß so schnell hinschreibe, dass es schön für mich ist, Dich als gesunden, springlebendigen 60er zu wissen ... Für mich bist Du nämlich belustigenderweise ein nur noch durch seine Eitelkeit verhinderter guter Mensch. Lass Dir durch die Luft die Hand drücken. Und Du kannst mirs glauben, so gern möchte ich mich oft mit Dir nächtelang streiten über alles mögliche, das Dir und mir so durch den Kopf geht. Und es gibt erschreckend Wenige, bei denen mich so ein Wunsch ankommt ... Ich bin also schon neugierig, was ich über Deinen 60sten alles lesen werde und freu mich auf Dein Schmunzeln. Nun, heut ist grad mein Stammtisch, da denke ich an Dich und heb meinen König-Ludwig-Krug auf Dein Wohl. In diesem Sinne Dir und der geplagten Sascha alles Nette wie immer. Dein Oskar Maria Graf.«

»Was ich an Dir vor allem schätze«, antwortete Marcuse am 19. Juli 1954, »dass Du nie vergessen hast, was ein Anarchist ist … und Dich danach benommen. Das ist nicht sehr konstruktiv, vermeidet aber viele Dummheiten; so dass ich Dir heute ins Poesie-Album schreibe, dass Du angesichts dieses rasend blöden Jahrhunderts mit einem Minimum von Dummheiten ausgekommen bist. Ich halte Dich nicht für überwältigend gut, aber für ganz anständig … und solltest Du jenseits mein Zeugnis brauchen, ich denke, ich würde es Dir geben. Besonders dankbar bin ich Dir dafür, dass Du viel Unterhaltungs-Stoff abgibst. Wenn es irgendwo besonders langweilig ist, dann beginne ich: da gibt es diesen Oskar Maria Graf … und die Leute wachen immer auf. Das liegt nicht nur an mir, auch an Dir: dass Du mich zu solchen Erzählungen begeistert hast. Ich bin und bleibe ein Preuße – und Bayern hätte nie für mich Bedeutung gewonnen, wenn ich Dich nicht kennengelernt hätte. Ich bin und bleibe ein Asphalttier mit Fremdworten – und Du bist der erste Bauer gewesen, dem ich etwas zugeguckt habe … und das vergisst man nicht. Wenn ich je Memoiren schreibe, Du bist ein dickes Kapitel …«

Wenige Jahre später schrieb Marcuse »auf dem Weg zu einer Autobiographie« sein berühmtes Buch »Mein zwanzigstes Jahrhundert«, das 1960 im Münchner Paul List Verlag erschienen ist. Dort findet sich das angedrohte »dicke Kapitel«. Marcuse schrieb dort so herzerfrischend, die Biographie von Oskar Maria Graf weitgehend erhellend, dass es wichtig erscheint, diese heute fast unbekannte »Widmung« für Graf hier nachzudrucken und der Vergessenheit zu entreißen:

»Ich erinnere mich noch an eine dritte Kolonie unseres Berlins, auf sie ging es nicht in den großen Ferien los, sondern im Karneval: München in Oberbayern. Dort wohnte ich, Jahr für Jahr, bei einem Dichter, der ganz anders aussah und von ganz anderer Art war als irgend einer, den ich je in der märkischen Heimat gesehen hatte. Ich gaffte ihn an, er gaffte mich an; dann lachten wir miteinander. Und er sagte zu mir: ›Du Bazi‹.
Oskar Maria Graf war in Berg am Starnberger See geboren; der Vater war Bäckermeister, die Mutter eine Bauerntochter,

Oskar der Jüngste von Fünf. Die väterliche Konditorei existiert noch; Bruder Maurus, der teuerste und literarisch versierteste Konditor, führt sie. Nie hat jemand Sternheim gründlicher analysiert als er. Nie habe ich irgendwo kostspieliger konditort als bei ihm.

Vor dem Kriege war Oskar Maria Bäckerlehrling gewesen, Versemacher, Erfinder, angehender Veterinär und Ausreißer, weil ihn der älteste Bruder und die Gesellen zu verprügeln pflegten. Nicht weit war München: Hier wurde er Bohemien, Anarchist unter Mühsam und Landauer, Gelegenheitsarbeiter, Liftboy, Postaushelfer und Plakataustäger. 1912 reiste er in die Südschweiz. Als ›Vagabund‹ sagte er; das war eine Lebensweise, bei der man den Grafen Krapotkin und Maxim Gorki kennen lernen konnte. Als der Krieg ausbrach, war er seiner Ansicht nach ›Halbliterat‹. Doch wurden seine Gedichte nicht von halb-, sondern ganz literarischen Zeitschriften gedruckt: der ›Aktion‹ und dem ›Sturm‹. Unter seinen kriegerischen Taten, die zu verzeichnen sind, spielen Befehlsverweigerung, Hungerstreik und ein Aufenthalt im Irrenhaus eine große Rolle. Nach Krieg und Irrenhaus schloss er sich den Illegalen um Kurt Eisner an, verbreitete die verbotene Broschüre des Fürsten Lichnowski ›Meine Londoner Mission‹ und wurde unter Polizeiaufsicht gestellt. An der Münchner Revolution war er nicht unbeteiligt. Manchmal wohnte er im Gefängnis, manchmal zu Hause.

Bald nachdem ich ihn kennenlernte, erschien seine berühmt gewordene Selbstdarstellung ›Wir sind Gefangene‹: humoristische Rückblicke auf die nicht immer humoristische Heroen-Zeit eines angehenden ›Schriftstellerei-Besitzers‹. Graf war hinterfotzig, glänzend gelaunt, grob und lyrisch. Seine Kaffeetasse war so groß wie ein kleineres Waschbecken; er brockte ganze Körbe von Brot hinein. Sie hatte zwei Henkel, er führte das Ding mit beiden Händen an den ausgiebigen Bauernschädel, der darin verschwand. Über Intellektuelle machte er sich lustig mit breitem Grinsen und allerhand Lauten aus der Eingeborenen-Sprache; listig verbarg er, dass er selber einer war. Nur vor seiner dialektisch-wendigen Jüdin Mirjam, einem bezaubernden Mädchen mit dem faszinierendsten schwarzen Scheitel, staunte er Bauklötzer. Er sperrte, wenn sie redete, Mund und Nase auf; sie konnte mehr Fremdworte per Minute in die Welt setzen, als er bayrische Urlaute in einer ganzen Stunde. Sie war eine Freundin von Rilke gewesen; manches lag noch herum, RMR gestempelt; das war beinahe zuviel Schmuck für ein Mädchen, das schon von Natur geschmückt war vom Scheitel an.

Jeden Fasching wohnte ich in seinem Atelier in der Barer Straße – und erweiterte meine preußische Welt um einige köstliche hinterwäldlerische Exemplare. Graf war immer laut und immer anarchisch – und nur, wenn er vorlas, wurde die Bauernstimme und das grobe Bayern-Gesicht so seltsam verwandelt, dass ich noch heute, wenn ich vom Astral-Leib reden höre, an diesen zweiten Oskar Maria denke. Abgesehen davon war er ein einziges Volksfest und sein Atelier die engste Oktober-Wiese, auf der ich mich je vergnügte.«

Graf hatte, wie Marcuse einmal bekannte, »Spaß daran, mich hier und da für einen Würde-Onkel zu halten, was ich nicht bin«. Er erkannte aber, dass ihn Graf damit »für die Rolle brauchte«, in der er »bis hundert Jahre säuft und schreibt«. Nach dem Tode Grafs vermisste Freund Marcuse aber vor allem dessen Lachen, ein Lachen, »das Deutschland so nötig habe«, dieses »fröhliche, kritische und wütende Lachen«.

Ulrich Kaufmann
»Was schreibt denn der Graf?«[1]
Oskar Maria Graf und Anna Seghers

in memoriam Frank Wagner

I.

Für Oskar Maria Graf, der von einer Lesereise durch Österreich nicht zurückkehren konnte, begann im Februar 1933 das Exil, für Anna Seghers im Folgemonat des gleichen Jahres. Das Privatvermögen beider Schriftsteller (wie das vieler anderer Künstler) wurde im November 1933 polizeilich enteignet.[2] Allerorten liest man, dass die von dem Verleger und Schriftsteller Wieland Herzfelde in den Jahren 1933 bis 1935 von Prag aus redigierte Exilzeitschrift »Neue Deutsche Blätter« mehrere Redaktionsmitglieder hatte: Neben Jan Petersen (Berlin) waren dies die auf diesem Felde noch unerfahrene Anna Seghers (Paris) und Oskar Maria Graf (Wien bzw. Brünn). Diese Zeitschrift verfolgte schon vor dem Pariser Schriftstellerkongress von 1935 das Ziel, ein möglichst breites antifaschistisches Bündnis unter den Schreibenden zu organisieren.

Mit eigenen Beiträgen war Graf in den insgesamt 18 Heften eher selten vertreten. Zu verzeichnen ist ein Teilabdruck des Romans »Der harte Handel« und zwei Briefe an Hans Martin Elster sowie den PEN-Club. Graf habe, meint Wilfried F. Schoeller, in seiner Wiener Zeit vor allem den Kontakt zu österreichischen Sozialdemokraten gehalten und Vertriebswege für die neue Publikation erschlossen. Sein Einfluss auf die redaktionelle Arbeit war wohl gering.[3]

---

[1] Anna Seghers an Wieland Herzfelde, 17.2.1941. In: Ich erwarte Eure Briefe wie den Besuch der letzten Freunde – Seghers Briefe 1924-1952, Bd. 1, Berlin 2008, Brief 79, S. 111.
[2] Vgl. Christiane Zehl Romero, Anna Seghers – Eine Biographie, 1900–1947, Bd. 1, Berlin 2000, S. 286.
[3] Wilfried F. Schoeller, Oskar Maria Graf – Odyssee eines Einzelgängers. Frankfurt a. M. 1994, S. 290.

Sowohl die Seghers[4] als auch Graf[5] versicherten sich verschiedentlich ihrer gegenseitigen Wertschätzung. Beide sind sich indessen niemals persönlich begegnet, weder bei der schwierigen Redaktionsarbeit unter den Bedingungen des Exils noch auf den zahlreichen internationalen Dichtertreffen. Anna Seghers sprach auf den Schriftstellerkongressen in Paris und Madrid (1935 bzw. 1937), Graf hingegen war Gast des Moskauer Kongresses 1934. Fast wären sich die beiden Redaktionsmitglieder in der sowjetischen Hauptstadt begegnet: »Bis zum letzten Augenblick habe ich leider vergebens gehofft, noch irgendeine Möglichkeit zu finden, um am Kongreß teilzunehmen«, schrieb Anna Seghers aus Paris.[6]

Als sich Graf drei Jahrzehnte später, im Juli und Oktober 1964, zu zwei Kurzbesuchen in Ost-Berlin aufhielt, traf er mit Arnold Zweig, mit seinem Freund Willi Bredel, mit Stephan Hermlin und anderen Kollegen zusammen. Anlass der Visiten war Grafs Ernennung zum Korrespondierenden Mitglied der Akademie der Künste in der DDR.[7] Anna Seghers, als Präsidentin des DDR-Schriftstellerverbandes, nahm an den beiden Treffen nicht teil. Sie ging rückblickend davon aus, Graf sei niemals Gast im zweiten deutschen Staat gewesen.[8]

Aus der Feder Grafs gibt es etliche Zeugnisse (Briefe, Rezensionen, einen Gruß zum 60. Geburtstag 1960), die seine Hochachtung für die sechs Jahre jüngere Autorin zum Ausdruck bringen. Anna Seghers hat sich hingegen, soweit ich sehe, nur sporadisch zu Graf und seinem Werk geäußert.[9] In ihrer Bibliothek in Berlin-Adlershof findet sich lediglich ein Graf-Titel: Die Ausgabe des satirischen Deutschlandromans »Anton Sittinger«, der 1937 in Herzfeldes Malik-Verlag herauskam.

Interessant ist, dass sowohl die Seghers als auch Graf mit dem

---

[4] Seghers an Ulrich Kaufmann, 7.4.1975.
[5] Graf an Seghers, 19.11.1965. In: Graf in seinen Briefen, hrsg. von Gerhard Bauer und Helmut F. Pfanner, München 1984, S. 330.
[6] Zitiert nach Rolf Recknagel, Ein Bayer in Amerika – Oskar Maria Graf – Leben und Werk, Berlin 1974, S. 214.
[7] Vgl. Ulrich Kaufmann, »Du weißt, Deine Bücher mag ich« – Oskar Maria Graf und Willi Bredel. In: Graf-Jahrbuch 2001, S. 48–55.
[8] Seghers an Kaufmann, 7.4.1975.
[9] Seghers an Herzfelde, 3.12.1945, a.a. O. (Vgl. Fußnote 1)

Leipziger Forscher Rolf Recknagel in brieflicher Verbindung standen, als dieser seine vielbeachtete, in der DDR mit dem Heine-Preis bedachte Biografie über B. Traven (1966) schrieb. Recknagel bedankte sich bei beiden Autoren für weiterführende Informationen. Graf kannte Traven aus der Münchner Revolutionszeit, während die Seghers von Recknagel um Erinnerungen an die Exilzeit in Mexiko gebeten worden war. »Dieser Recknagel war mit mir in Verbindung, als er die Biographie über Traven, der die Romane über Mexiko geschrieben hat, zusammenstellte und Travens Werk identifizierte,« schrieb Anna Seghers 1975.[10]

II.

Das Werk beider Schriftsteller weist eine besondere thematische Affinität in der Mitte der dreißiger Jahre auf, als sie an den zeitgeschichtlichen Romanen »Der Weg durch den Februar« (1935) und »Der Abgrund« (1936) arbeiteten. Anna Seghers bzw. Oskar Maria Graf schildern fast zeitgleich den letztlich gescheiterten Kampf der Wiener Arbeiter gegen das Dollfuß-Regime. Das Juliheft der »Neuen Deutschen Blätter« war 1934 diesem Ereignis schwerpunktmäßig gewidmet. Hier erschien erstmals die reportagenhafte Seghers-Erzählung »Der letzte Weg des Koloman Wallisch«, eine Vorarbeit zu ihrem Roman. Die Seghers war eigens von Paris nach Österreich gefahren, um sich ein Bild von den Februarkämpfen und ihren Folgen zu machen. Graf, der bereits monatelang in Wien lebte und unmittelbar nach dem Scheitern des Februaraufstandes nach Brünn fliehen musste, war mit den Details des österreichischen Arbeiterlebens weit besser vertraut als die Seghers. Brünn, wo Graf an dem Roman schrieb, war der Fluchtort vieler Schutzbündler und zugleich Sitz der emigrierten Führung der österreichischen Sozialdemokratie unter Otto Bauer. Es ist hier nicht der Ort, die Romane von Seghers und Graf, mit denen sie die doppelte Niederlage der Arbeiterbewegung in Deutschland und Österreich zu gestalten versuchen, gründlich zu analysieren und zu würdigen. Sigrid Bock,[11]

---

[10] Seghers an Kaufmann, 7.4.1975.
[11] Sigrid Bock, Wirklichkeitsanalyse und Realismusgewinn. In: Weimarer Beiträge, Heft 11/1975, S. 21–34.

Simone Barck[12] u. a. haben dies längst getan. Sicher ist, dass die beiden Österreich-Romane nicht zu den stärksten Leistungen im Werk beider Autoren gehören. Stellvertretend sei eine kritische Passage Lion Feuchtwangers zitiert, der Grafs Roman »Der Abgrund« insgesamt aber wohlwollend beurteilte. »Der junge Hochegger, der den Weg vom bürokratischen zum kämpfenden Sozialismus geht, scheint mir nicht immer so rund und plastisch wie der alte, und seine illegale Tätigkeit vollzieht sich in einer Atmosphäre der Romantik, in der Graf nicht so zu Hause ist wie in der Wirklichkeit des alten Hochegger. Immerhin ist auch er da, und so rundet sich der Roman ›Der Abgrund‹ zu einem starken, bleibendem Bild von der Trostlosigkeit, dem Heroismus, dem Kampf und der Hoffnung des Emigrantenlebens.«[13]
Graf kritisierte im September 1935 in einem Brief an Karl Schmückle, den stellvertretenden Chefredakteur der in Moskau erschienenen Zeitschrift »Internationale Literatur«, den Roman von Anna Seghers, welchen Schmückle übrigens für das Oktoberheft der Zeitschrift rezensierte, ungewöhnlich scharf. Noch härter ging er jedoch mit Friedrich Wolf und dessen Stück »Floridsdorf« ins Gericht. Der Dramatiker hatte in Moskau viele Gespräche mit geflohenen Schutzbündlern geführt und aus diesem Material sein Theaterstück über die Wiener Arbeiter geschrieben. Graf fand Wolfs »Arbeit geradezu katastrophal in jeder Hinsicht. Der szenische Aufbau ist übersudemannisch geschickt, der Inhalt der verschiedenen Szenen läppisch und kitschig, die meisten Szenen sind überhaupt –...– Hintertreppe. Dann aber noch das allerärgste, die Vergewaltigung des österreichischen Idioms in Sprache und Haltung!«[14] Gegen Ende des Briefes heißt es: »Der ›Herr Genosse Wolf‹ soll lieber Arzt bleiben, wenn er nichts kann als so was zu fabrizieren. Es bedrückt mich aufrichtig, dass gerade unsere kommunistische Emigration bis jetzt außer Bredel noch nichts Wertbeständiges herausgebracht hat. Uhse ist nur eine kleine Hoffnung, die Seghers ist

---

[12] Simone Barck, »Linksgerichtet, entschieden sozialistisch«. Zum Exilroman Oskar Maria Grafs in den dreißiger Jahren. In: Wer schreibt, handelt. Hrsg. von Silvia Schlenstedt, Berlin und Weimar 1983, S. 279–310.
[13] Lion Feuchtwanger, Centum opuscula – Eine Auswahl. Rudolstadt 1956, S. 533.
[14] Graf an Karl Schmückle, 27.9.1935. In: Graf, Briefe, a. a. O., S. 92–94.

mit ihrem ›Weg durch den Februar‹ weit hinten geblieben, außer etlichen Szenen, ist ihr Buch schluderisch und in der Epik das, was zu Sudermanns Zeiten Ganghofer war.«[15]

III.

Acht Jahre nach dem scharfen Brief an Schmückle sollte sich Grafs Urteil über die nunmehr in Mexiko lebende Erzählerin grundlegend ändern. Das erste Werk der Seghers, zu dem sich Graf zusammenhängend und diesmal öffentlich äußerte, war das »Siebte Kreuz«: Im Februar 1943 besprach er im New Yorker »Aufbau« die in Mexiko erschienene deutschsprachige Erstausgabe des Romans. Im Untertitel verwies der Rezensent auf die in Boston herausgekommene englischsprachige Ausgabe des Seghers-Romans, die eine beträchtliche Resonanz erlebt hatte. Grafs Besprechung, überschrieben mit »Ein ungewöhnliches Buch«, sucht man in Alexander Stephans Rezeptionsgeschichte zum »Siebten Kreuz« vergeblich.[16] Die Rezension Grafs setzt mit Überlegungen zum bisher erreichten Stand der deutschen Exilliteratur ein. Graf, der von Oktober 1938 bis Juli 1940 der German American Writers Assoziation vorstand, spricht auch 1943 im Namen der deutschen Emigranten. Er verdeutlicht eingangs, wie schwierig es etwa für junge Autoren wie Willi Bredel, Stefan Heym oder den Österreicher Fritz Brügel war, sich unter den Exilbedingungen einen Namen zu machen. Graf beginnt seine Rezension zu dem Seghers'schen Roman mit einem uneingeschränkten Lob: »Unsterblich als vollendetes Bild des schau-

---

[15] Charakteristisch für die sehr unterschiedliche Rezeption von Seghers und Graf in der DDR ist der Aufsatz »Der österreichische Februaraufstand von 1934 in der deutschsprachigen Literatur.« Werner Martins Text erschien an herausgehobener Stelle, im Aprilheft der Weimarer Beiträge 1970, welches dem 100. Geburtstag Lenins gewidmet war. Neben lyrischen Beispielen werden auf vier bzw. fünf Druckseiten die genannten, von Graf kritisierten, Texte von Friedrich Wolf und Anna Seghers vorgestellt und uneingeschränkt gewürdigt. Grafs Roman »Der Abgrund« hingegen gelten fünf nichtssagende Zeilen. Aus den Anmerkungen geht hervor, dass der Verfasser wohl nur einen Teilabdruck des Romans kannte, welcher 1936 in der »Volksillustrierten« stand.

[16] Alexander Stephan, Anna Seghers, Das siebte Kreuz – Welt und Wirkung eines Romans. Berlin 1997.

erlich gejagten, geknebelten deutschen Volkes ist auch der nun in Mexiko deutsch herausgebrachte Roman ›Das siebte Kreuz‹ von Anna Seghers.«[17]

Oscar (!) Maria Graf, selbst ein Bewunderer der großen russischen Erzählkunst des 19. Jahrhunderts, zeigt, welche weltliterarischen Vorbilder dem Seghers-Roman zugrunde gelegen haben könnten. »Es gibt zwei Erinnerungen an Bücher: Die der atemlosen Spannung und die der breiten, liebevollen Eindringlichkeit in der Ausmalung des epischen Vorgangs. Um nur ein Beispiel zu nennen: Etwa ›Raskolnikow‹ und ›Krieg und Frieden‹. Anna Seghers vereinigt als Erzählerin beides. Mit einer unentrinnbaren Logik baut sie ihre weitverzweigte Handlung auf – eine Handlung wohlgemerkt, die in kaum acht Tagen abläuft! – und mit einer ungemein instinktsicheren, volkstümlichen Bildkraft versteht sie selbst das kleinste Detail zu beleben.«

Der Rezensent bewundert, wie die Seghers »mit ein paar Strichen« die »rhein-mainische Landschaft« zum Leuchten bringe oder auf nur einer »knappen Seite das ganze Leben eines Menschen erzählt.« Eine rhetorische Frage gerät dem rezensierenden Schriftstellers unter Hand zum emphatischen Ausruf: »Wie kennt diese Schriftstellerin all diese Arbeiter, diese kleinen Weinbauern, diese einfachen, tapferen Mädchen und Frauen!« In seiner Besprechung, die sich zu einer einzigen Laudatio ausweitet, hebt Graf hervor, wie die Seghers, im Sinne Tolstois, ihre »grosse, gewaltige Geschichte« »biblisch einfach und lapidar rahmt«. Auch Graf gehört in die Reihe derer, die die berühmten Schlusssätze des »Siebten Kreuzes« zitierend bewundern. Die Seghers spräche für viele. Die Erzählerin zeichne ein Bild des deutschen Volkes, das Graf völlig teilt. »Diese Buch wird Zeugnis ablegen für uns alle, die wir unbeirrbar glauben, ja wissen, dass die Völker das Ferment der Zukunft sind.«

Abschließend wagt Graf ein Urteil über den literaturgeschichtlichen Platz des Buches. Das Merkwürdige ist, dass sein erstes Urteil zu einem Buch der Anna Seghers von 1943 auch noch vier Jahrzehnte später, als die Erzählerin in Berlin verstorben war, nichts von seiner Gültigkeit eingebüßt hat: »Als eine entschie-

---

[17] Graf, Ein ungewöhnliches Buch – »Das siebte Kreuz« – Roman aus Hitler-Deutschland von Anna Seghers. In: Aufbau, Friday, Februar 19, 1943.

den kämpferische Avantgardistin, als eine Schriftstellerin mit einem jungen Ruhm, aber noch keineswegs auf der Höhe angelangt, ging Anna Seghers in die Emigration. Das ›siebte Kreuz‹ ist ihre Vollendung.«

Ein Jahr nach der Rezension des Romans betont Graf, in einem Brief an Kurt Kersten, nochmals, wenngleich sehr verabsolutierend, die überragende Rolle dieses Flüchtlingsromans. »Das siebte Kreuz« sei »vielleicht der einzige große Roman, den die Emigration hervorgebracht hat.«[18]

Über Jahre waren Grafs Frau Mirjam als schlecht bezahlte Redakteurin, und er selbst als Autor, der Exilzeitschrift »Aufbau«, einer Publikation des jüdischen »New Word Clubs«, verbunden. Grafs Schwager Manfred George »hatte dieses bis 1938 bedeutungslose Vereinsblatt zur zentralen, einzig verbindenden Zeitung der deutschsprachigen Emigration gemacht, die in alle Kontinente versandt wurde, wo vertriebene Juden saßen, und sich durch praktische, juristische, geschäftliche Ratschläge für Immigranten unentbehrlich machte«, schreibt der Graf-Forscher Gerhard Bauer.[19] In der Rückschau charakterisiert Graf den New Yorker »Aufbau« als »eine Mischung von ehemaliger BZ am Mittag und Weltbühne und jüdischen Gemeindenachrichten aus aller Welt. Jeder liest sie, jeder schimpft drüber, aber wehe, wenn sie einmal einen Tag nicht rauskommt.«[20]

Acht Jahre nach seiner enthusiastischen Rezension zum »Siebten Kreuz« griff Graf in Sachen Seghers erneut zur Feder. Für den »Aufbau« besprach er Mitte März 1951 die Suhrkamp-Ausgabe des Epochenromans »Die Toten bleiben jung«, der bereits 1949 in Ost-Berlin erschienen war. Da die kurze Besprechung weder in der Seghers-, noch in der Graf-Forschung bekannt ist, dokumentieren wir sie hier ungekürzt:

Anna Seghers' neuer Roman
»Die Toten bleiben jung« (Suhrkamp Verlag, Berlin)
o.m.g. Dieses weitausholende, figurenreiche Buch der Anna Seghers ist mehr ein Zeitbild als ein Roman. Die motorische

---

[18] Graf an Kurt Kersten 10.6.1944. In: Graf, Briefe, a.a.O., S. 180.
[19] Gerhard Bauer, Oskar Maria Graf. München 1994. dtv. S. 294.
[20] Ebenda.

Kraft des ›Siebten Kreuzes‹ fehlt darin und es scheint, als sei die Erzählerin weiser geworden. Sie hat nichts von ihrer naturhaften Anschaulichkeit verloren, nichts von ihrem lapidaren Stil, und es überrascht immer wieder, mit welcher Geduld sie den verschlungenen Schicksalen der verschiedenen Familien nachspürt. Das erinnert an Tolstoi, der unbestreitbar der Lehrmeister der Seghers ist. Auch merkt man seinen Einfluss gerade in diesem Roman insofern stärker als in den vorhergehenden Büchern, weil sie – man möchte fast sagen – liebender geworden ist, der Bergpredigt näher als ihrem ehrlichen Marxismus.

Selbst die engstirnigsten Junker und Schlotbarone, selbst die verarmtesten Militaristen bleiben menschlich, und mit einem leichten Mitleid sind die gleichgültigen, denkfaulen Spiessbürger gesehen. Die standhaften Untergrundkämpfer gegen das erbarmungslose Hitler- Regime sind keineswegs verzeichnete Helden mit heroischem Glanz. Darum glaubt man ihnen und wird erschüttert von ihrem oft aussichtslosen Kampf.

»Die Toten bleiben jung« ist gleichsam das Schicksalsbild des ganzen deutschen Volkes. Es steht gross und ruhig da, beginnend nach dem militärischen Zusammenbruch des Wilhelminischen Reiches im Jahre 1918 und endend mit dem schauerlichen Höllensturz der Hitlerbarbarei. Es wird bleiben, dieses Buch – und wer wirklich hineinsehen will in die verworrene, komplizierte, tausendfach dumpf belastete sogenannte ›deutsche Seele‹, der wird viel Unbegreifliches jäh und erschütternd begreifen. Begreifen aber heißt: Eine Realität in das allgemeine Geschehen miteinzubeziehen und ihr Positives fruchtbar zu machen.

Kein Roman der neueren deutschen Literatur hat in dieser Hinsicht mehr geleistet als Anna Seghers starkes Buch.[21]

Es gibt Gemeinsamkeiten zwischen Grafs Rezension zum »Siebten Kreuz« und der zu dem Roman »Die Toten bleiben jung«. In beiden Texten bewundert der Erzähler Graf die Leistung seiner Kollegin. Wiederum stellt er die russische realistische Erzählkunst als Anregung für die Seghers heraus. Hier geschieht dies namentlich am Beispiel Lew Tolstois, über den sich nicht nur die

---

[21] Graf, Anna Seghers' neuer Roman »Die Toten bleiben Jung« (Suhrkamp Verlag, Berlin). In: Aufbau, Friday, March 16, 1951.

Seghers[22], sondern auch Graf essayistisch geäußert hat. (»Tolstoi als weltgeschichtliches Ereignis«, 1960)

Deutlicher hebt Graf diesmal die differenzierte Figurenzeichnung der Seghers in ihrem Epochenroman hervor, die weder die Antifaschisten zu sehr heroisiere, noch die »Junker«, »Schlotbarone« und »Militaristen« auf Karikaturen reduziere.

Graf markiert den Unterschied zwischen dem Zeitgeschichtsroman und dem Epochenroman deutlich. Erzählt doch ersterer knapp acht Tage, während der zweite eine Epoche besichtigt, die vom Ende des Ersten bis zum Ende des Zweiten Weltkrieges reicht. In den Rezensionen trifft Graf eine Wertung des jeweiligen Romans, die in beiden Fällen sehr positiv ausfällt.

Sehr sensibel beobachtet Graf, dass der jüngste Roman der Seghers ein Werk der Menschenliebe sei, das ohne die »Bergpredigt« und ihren »ehrlichen Marxismus« nicht zu denken ist. Diesen »ehrlichen Marxismus« der Seghers herauszustellen, verdient in den Zeiten des Kalten Krieges hervorgehoben zu werden. Graf musste seit Ende der vierziger Jahre beobachten, dass der »Aufbau« zunehmend antikommunistische und antisowjetische Stimmungen aufnahm. Als »Linker« und »Gefühlssozialist« sah er sich zunehmend isoliert.

Die kurze Besprechung des Epochenromans zeigt, dass Grafs Bewunderung für die in Mainz geborene Erzählerin bis in die späten vierziger Jahre reicht, auch wenn er eingangs die »Toten bleiben jung« eher ein »Zeitbild« als einen »Roman« nennt.

IV.

Wieland Herzfelde begann im Jahre 1944 in New York den Aurora-Verlag zu gründen. Dies war ein Unternehmen der Autoren. Zu den Begründern gehörten unter anderen Bloch, Brecht, Döblin, Feuchtwanger, Graf, Heinrich Mann und Weiskopf. Da der Verleger gute Kontakte sowohl zur Seghers als auch zu Graf pflegte, war es folgerichtig, beide für das neue Verlagsprojekt zu gewinnen. Neben Texten von Brecht, Bruckner, Uhse und Feuchtwanger gehörte auch Anna Seghers' ausnahmsweise autobiographisch

---

[22] Vgl. u. a. Seghers, Über Kunstwerk und Wirklichkeit II, Über Tolstoi und Dostojewski. A.a.O., Berlin 1971, S. 145–217.

eingefärbte Erzählung »Der Ausflug der toten Mädchen« (1946) zu den ersten Aurora-Büchern. Von Graf erschien schon etwas früher der Band »Der Quasterl und andere Geschichten«.[23] Aus dem Briefwechsel zwischen Herzfelde und Seghers wissen wir, wie genau die Erzählerin von Mexiko aus die neuen Verlagspläne mit den »Aurora-Segelschiffen« verfolgte. In diesem Zusammenhang kommt sie im Dezember 1945 explizit auf Bücher von Weiskopf (»Die Unbesiegbaren. Berichte. Anekdoten. Legenden. 1933–1945«) und Graf (»Der Quasterl und andere Geschichten«) zu sprechen. »Ich habe inzwischen beide gelesen, und jetzt muß ich Dir (Herzfelde – U.K.), entgegen der Sitte, die – glaube ich – von den Lesern Vorliebe für den einen oder anderen verlangt, eingestehen, daß ich beide außerordentlich gern habe. Weiskopf hat eine ausgezeichnete Arbeit gemacht. Für mich hat gerade Reiz, daß Weiskopf und Graf gerade das Gegenteil machen. Der eine außerordentliche Situationen, die auf einen außerordentlichen Moment zugeschnitten sind, und der andere gerade, was nicht außerordentlich und nicht auf einen außerordentlichen Moment zugeschnitten ist. Gerade in dieser ersten Geschichte von Graf, in der Geschichte von seinen Verwandten, da ist was dran, was mir durch und durch geht. Aber ich möchte wissen, ob das bei anderen auch so ist.«[24] Möglicherweise ist es die Grafsche Art, das »gewöhnliche Leben« (Seghers) zu beschreiben, die die Autorin des »Siebten Kreuzes« so bewunderte.

Die Bände des Aurora-Verlages wurden von 1948–1950 als Aurora-Bücherei im neugegründeten (Ost-) Berliner Aufbau-Verlag weitergeführt. Grafs Erzählungsband kam in einer amerikanischen und, unter dem Titel »Mitmenschen«, in einer (ost-) deutschen Version heraus. Ebenso erschien 1948 die Seghers-Erzählung »Der Ausflug der toten Mädchen«, die sie nach ihrem schweren Unfall in Mexiko (1943) geschrieben hatte, nochmals im Aufbau-Verlag. Dadurch, dass Grafs Roman »Unruhe um einen Friedfertigen« im gleichen Jahr ebenfalls als Aurora-Buch erschien, ist er der einzige Autor, der in dieser Buchreihe doppelt vertreten ist.

---

[23] Vgl. Anmerkung 1, Kommentar zu dem Seghers- Brief an Herzfelde vom 3.12.1945. Sigrid Bock schreibt irrtümlich, dass Grafs Erzählband »*Das* Quasterl und andere Geschichten« heißt.
[24] Seghers an Herzfelde, 3.12.1945. A.o.O., S. 146.

V.

Nur für zwei Schriftstellerkollegen, die nach Kriegsende in den Osten Deutschlands zurückkehrten, schrieb Graf Beiträge zu Jubiläumsbänden – für Arnold Zweig (1962)[25] und für Seghers, zu ihrem runden Geburtstag 1960. Graf hebt an der Jubilarin ihre »gelassene Direktheit« hervor. Diese »Direktheit« lasse kein »Umdeuten« und »Ausweichen« vor dem zu, was gemeint sei. Viele Autoren der Bundesrepublik, die sich bei Heidegger, Joyce und Cocteau festgelesen hätten, erschienen ihm »dunkel« und stünden für Beliebigkeit. »Die Direktheit, die Brecht und Sie, Anna Seghers, bis zu äußersten Schärfe entwickelt haben, ist nichts anderes als tiefe Frömmigkeit vor dem Wort, ist leidendes Wissen des Schriftstellers und die schwere Verantwortung der Zeit und dem Volk gegenüber.«[26] Von den Werken, die er besonders schätzt, nennt Graf neben dem »Siebten Kreuz« den »Aufstand der Fischer von St. Barbara« (1928). »Sie müssen gesund bleiben...«, heißt es abschließend, »denn Sie und Ihr Werk sind wichtig und entscheidend für die wirre Zeit wie nur wenige Mitlebende.«

Grafs öffentliches Lob schließt Kritik nicht aus, die der in New York lebende Erzähler gegenüber Dritten zu weniger geglückten Texten der Anna Seghers, namentlich zu ihrem Werk der Nachkriegsjahre, äußert. So teilte er dem werdenden Dichter Wulf Kirsten, der sich 1963 ratsuchend an Graf gewandt hatte, mit: »Uhse war ein wirklich grosses Talent, es ist jammerschade um ihn (er starb am 2.7.1963 – U.K.), denn leider ist der oestliche Sektor unserer heutigen Literatur nicht mit Talenten gesegnet, wie ungeheuer hat zum Beispiel Anna Seghers nachgelassen, mein Gott!«[27] Graf nennt hier (wie bei anderen Gelegenheiten, bei denen er sich kritisch äußert) keine Titel der Seghers. Anzunehmen ist, dass er wohl an die »Friedensgeschichten« (1950) oder den Zyklus »Der erste Schritt«

---

[25] Graf, Der »Denkzettel«. In: Arnold Zweig – Ein Almanach, Berlin 1962, S. 68/69.
[26] Vgl. Seghers, Briefe ihrer Freund, Berlin 1960, S. 47/48. Grafs »offener« Brief fehlt in der Graf-Briefausgabe von Bauer und Pfanner, München 1984.
[27] Graf an Wulf Kirsten, 29.8.1963. In: Graf-Jahrbuch 1993, S. 41.

(1952) dachte, bei denen eine vordergründige Didaktik nicht zu übersehen ist.

Es ist geradezu rührend zu lesen, wie sich der Diasporit aus der Ferne Sorgen um die Literatur in der DDR gemacht hat. Viele neue poetische Stimmen drangen verständlicherweise nicht bis nach New York durch. Mit dem, was Graf über das bis dahin vorliegende spätere Nachkriegswerk der Seghers sagt, hat er indessen recht. Anzunehmen ist, dass Graf den weniger geglückten DDR-Roman »Die Entscheidung« (1959) bei seinem Urteil mit im Blick hatte.

Graf, der über keine direkte Erfahrung mit der DDR verfügte, hatte Menschenkenntnis und Information genug, um sich einige der Zwänge vorstellen zu können, unter denen Anna Seghers als Autorin und öffentliche Person zu arbeiten und zu leben hatte. Sein Brief an Else und Gustav Fischer vom Februar 1951 zeigt bereits, wie genau und kritisch er »Klatschnachrichten« aus der DDR bewertete. So hieß es z. B., die Seghers stünde unter Hausarrest. Graf meinte, oft würden derartige Nachrichten lanciert, um eine offizielle Widerlegung zu erzwingen.[28]

Wiederholt hebt Graf hervor, dass der Seghers ihre bleibenden Texte in der Zeit der Weimarer Republik und im Exil geglückt seien. Ist es bei ihm nicht aber ähnlich gewesen? Es gilt auch daran zu erinnern, dass Anna Seghers Graf um sechzehn Jahre überlebte. Bleibende Texte ihres Spätwerks (»Das wirkliche Blau«, 1967, »Sonderbare Begegnungen«, 1973, »Der Räuber Woynock«, 1975 u. a.) erschienen erst nach Grafs Tod im Juni 1967.

In einem privaten Brief, vermutlich »zum 19.11.1965«, dem 65. Geburtstag der Erzählerin, geschrieben, spricht Graf davon, dass es oft ein Foto der Seghers gewesen sei, welches ihn »warm« an die »Fischer von Barbara« (sic!) und an »Das siebte Kreuz« erinnere. Es scheint so, als würde Graf ahnen, dass er der bewunderten Autorin wohl niemals mehr persönlich begegnen würde. »Traurig bin ich nur manchmal, dass ich Ihnen dafuer (gemeint sind die oben genannten Bücher – U.K.) nie dankbar die Hand druecken konnte. Leider hindert mich meine

---

[28] Graf an Else und Gustav Fischer, 18.2.1951. In: Graf, Briefe, a.a.O., S. 234.

jahrelange Krankheit, oefter nach Berlin zu kommen, um dies nachzuholen.«[29]

Auf ähnliche Weise kommt Graf – wie schon im Geburtstagsgruß fünf Jahre zuvor – auf das Thema »Direktheit« zu sprechen. »Die Zeit, die wir durchlebt haben, verehrte, liebe Anna Seghers, gibt uns auf, nicht mehr Floskeln in unseren Buechern und persoenlichen Aeusserungen zu benutzen. Wir muessen beim lapidaren Wort bleiben, das aussagt, was wir meinen.« Neben den üblichen Geburtstagswünschen erhofft er für die Jubilarin »Unbehindertheit«, die man brauche, um das Werk fortsetzen zu können.

Es ist kaum zu verstehen, weshalb Anna Seghers auf diesen Brief aus der Ferne nicht geantwortet hat. Weder im Berliner Seghers-Archiv noch im gut geführten Münchner Graf-Nachlassregister findet sich ein Antwortschreiben. Sollten Grafs Zerwürfnisse mit Friedrich Wolf (1953) und Wieland Herzfelde (1963) die Seghers gegen Graf eingenommen haben?[30] Möglicherweise gewinnt der Brief Grafs seinen dokumentarischen Wert erst durch die ausgebliebene Antwort. Er steht in Zeiten des Kalten Krieges für den Versuch, Kontakte mit Schriftstellern der DDR, die er aus der Exilzeit persönlich oder aus Briefen kannte, zu beleben oder neu herzustellen. Möglicherweise hat der Brief, warum auch immer, Anna Seghers gar nicht erreicht. Nachfragen haben ergeben, dass sich das Originalschreiben an die Schriftstellerin nicht im Berliner Seghers-Archiv der Akademie der Künste befindet.[31]

Die Beziehung zwischen Graf und der Seghers gleicht in etwa einer Einbahnstraße. Oskar Maria Graf hat der weltberühmten, im Westen Deutschlands lange kaum beachteten, im Osten über Jahrzehnte zur Ikone erhobenen Autorin weit mehr Aufmerksam-

---

[29] Graf an Seghers, zum 19.11.1965. Vgl. Graf, Briefe, a.a. O., S. 330. Dieser undatierte Brief existiert bislang nur als Durchschlag im Münchner Graf-Nachlass, Staatsbibliothek München, ANA 440, B29, Folder 34.

[30] Vgl. Ulrich Kaufmann, »...so hab ich noch nie den ›Sozialismus‹ aufgefasst« – Aus neuer Sicht: Graf und die DDR. In: Graf-Jahrbuch 1994/1995, S. 125–140.

[31] Maren Horn, Mitarbeiterin im Archiv der Akademie der Künste zu Berlin, teilte dem Verfasser am 7.9.2007 mit, dass sich Grafs Brief nicht im Seghers-Nachlass befindet.

keit geschenkt als dies umgekehrt der Fall war. Da umfangreiche Editionen der Seghers-Briefe noch ausstehen, ist nicht auszuschließen, dass unser Thema hier und da weitere Facetten erhalten könnte.[32]

Den Schulterschluss zwischen beiden Autoren, von dem Rolf Recknagel 1974 in der ersten Graf-Biografie spricht, hat es nur ideell gegeben. Auf der letzten Seite der Monografie »Ein Bayer in Amerika« versucht Recknagel, die Summe des Grafschen Werkes zu ziehen. »Neben den Romanen von Anna Seghers, Lion Feuchtwanger, Leonhard Frank, Klaus Mann, Willi Bredel, Adam Scharrer, mit denen Oskar Maria Graf in seinen besten Jahren Schulter an Schulter gegen die nationalsozialistische Diktatur gekämpft hat, können sie (die besten Werke Grafs – U.K.) ganzen Generationen das Bild einer Epoche vor Augen führen. Von Bewährung und Versagen, von Hoffnung und Verzweiflung, von Schuld und Sühne, vom langen Weg eines Suchenden wird auf diesen zwei- oder dreitausend Seiten, die das Kernstück des Grafschen Lebenswerkes ausmachen, berichtet.«[33]

---

[32] »Wie ich Euch öfters schrieb, haben mich zwar nicht Roland und nicht Feuchtwanger und nicht Graf und nicht Mann [gemeint ist Heinrich Mann – U.K.], sondern ihr, meine engsten Freunde, im Stich gelassen.« A. Seghers an Willi Bredel, vermutlich Sept. 1935/37, Brief 28 a. a. O. S.35f. – Anna Seghers plante, gemeinsam mit Lion Feuchtwanger, ein »Gedenkbuch«, ein Buch über die »antifaschistischen Toten«. Dieses Projekt, für das »anständige Beiträge« vorlagen, kam nicht zustande. Die eingesandten Texe gelten als verschollen. Vgl. auch den im Anhang mitgeteilten Brief von Seghers an den Verfasser.

[33] Rolf Recknagel, Ein Bayer in Amerika, a. a. O., S. 376.

Anhang

ANNA SEGHERS Berlin, den 7.4.1975

Herrn
Ulrich Kaufmann
69 Jena
Ziegenhainerstr. 9

Lieber Ulrich Kaufmann,
leider habe ich Oskar Maria Graf nicht persönlich gekannt. Wenigstens erinnere ich mich nicht an ihn. Mir ist aber sehr viel Lustiges von ihm erzählt worden. Ich glaube gar nicht, daß er hier war. Mir tut sehr leid, daß ich zufällig vor ein paar Tagen ein Buch verschenkte, das mir gerade zugeschickt wurde: Recknagel, »Ein Bayer in Amerika« (oder so ähnlich). Dieser Recknagel war mit mir in Verbindung, als er die Biographie von Traven, der die Romane über Mexiko geschrieben hat, zusammenstellte und Travens Werk stilkritisch identifizierte.

Dieses Buch müssen Sie sich also von irgendeiner Bibliothek leihen, darin werden Sie finden, was Sie brauchen. So leid es mir tut, meine äußeren und inneren Verbindungen mit Oskar Maria Graf sind unwesentlich und irgendwelche Ähnlichkeiten zwischen dargestellten Personen nur zufällig.
Hoffentlich hilft Ihnen die Buchangabe.
Die besten Grüße fügt hinzu
Ihre

Anna Seghers

Graf war in der Emigration in USA, ich lebte mit meiner Familie in Mexiko.

Anmerkung

Der Verfasser bedankt sich bei Herrn Dr. Ulrich Dittmann (Seefeld), der bei der Beschaffung und Transkription von Materialien großzügig half.

Dirk Heißerer
»Ein bayrischer Dichter«
Oskar Maria Graf in der Frankfurter Zeitung (1923–1931)
Mit einer bibliographischen Übersicht

Annemarie Koch-Graf zum Abschied

Überblick

Von einer näheren Beziehung Grafs zur renommierten *Frankfurter Zeitung* (FZ) war bislang nichts bekannt. Thomas Manns Lob von *Wir sind Gefangene* in der FZ vom 17. April 1927 gilt zwar als literarischer Durchbruch oder gar Nobilitierung des selbsternannten bayerischen »Provinzschriftstellers«[34], aber von früheren Erwähnungen Grafs in dieser im deutschen Sprachraum führenden liberalen Zeitung[35] wusste man nichts oder nicht viel; das fehlende Zeitschriften-Register in der maßgeblichen Graf-Bibliographie Pfanners[36] verhinderte bisher eine entsprechende systematische Suche. Dabei wurde

---

[34] Vgl. Dirk Heißerer: »Ich lege großen Wert auf Ihre Freundschaft«. Thomas Mann und Oskar Maria Graf in München und Amerika. In: Jahrbuch der Oskar Maria Graf-Gesellschaft 2001. Hrsg. v. Ulrich Dittmann und Hans Dollinger. München 2001, S. 11–37, 137–140. Dieser Aufsatz ist John Margetts bei seinen Recherchen für den Beitrag »Gegenseitiger Respekt und tiefe Zuneigung. Thomas Mann und seine Beziehung zu Oskar Maria Graf« (in: Jahrbuch 2006 der Oskar Maria Graf-Gesellschaft, hrsg. von Ulrich Dittmann und Hans Dollinger. München 2006, S. 53–75) offenbar entgangen; er zählt ihn jedenfalls nicht zu den »bisherigen Versuchen(,) die Mann-Graf-Beziehung zu beschreiben« (S. 53, Anm. 1).

[35] Die FZ bestand von 1856 bis 1943, vgl. das Sonderheft der Zeitschrift *Gegenwart*: Ein Jahrhundert Frankfurter Zeitung. Begründet von Leopold Sonnemann (1956) sowie den *Facsimile Querschnitt durch die Frankfurter Zeitung*, eingeleitet von Benno Reifenberg, hrsg. von Ingrid Gräfin Lynar. Bern, München o. J. Zur neueren Forschung vgl. Almut Todorow: Das Feuilleton der ›Frankfurter Zeitung‹ in der Weimarer Republik. Zur Grundlegung einer rhetorischen Medienforschung. Tübingen 1996 (Rhetorik-Forschungen, hrsg. v. Joachim Dyck, Walter Jens und Gert Ueding, Bd. 8).

[36] Vgl. Helmut F. Pfanner: Oskar Maria Graf. Eine kritische Bibliographie. Bern und München 1976 (hinfort zitiert: Pfanner).

Grafs literarisches Talent bereits vier Jahre vor Thomas Manns Rezension im September 1923 in der FZ im Rahmen einer Präsentation »deutscher Erzählkunst« mit einer längeren Erzählung (*Der Staatsmann*) vorgestellt, von der bislang kein Druck nachweisbar war. Von der Novelle *Nekrolog auf Jos. Leiberer sel.* war ebenfalls nicht bekannt, dass sie, nach dem Erstdruck 1923 in Berlin und einem Abdruck in München, in einer Variante im November 1924 auch in der FZ erschien. Mehr noch. Ganz offensichtlich sollte Graf, dessen »epische Leidenschaft einer aus jungen Kraft ungefügen Begabung« in der FZ erstmals am Beispiel der *Frühzeit*-Erzählung gewürdigt wurde (19.12.1923), bald darauf als ein neuer »bayrischer Dichter«, genauer als »ein neuer Ludwig Thoma« vorgestellt werden, wie ihn ›sein‹ aus Nürnberg stammender FZ-Rezensent und ›Entdecker‹, der spätere Jakob-Wassermann-Biograph Dr. Siegmund Bing (1878–1961),[37] in einer Rezension des *Bayerischen Lesebücherl* und der *Traumdeuter*-Novelle benannte (15.12.1924). Bing besprach auch den Roman *Die Heimsuchung* (21.11.1926) und die »sechs Dorfgeschichten« *Finsternis* (20.3.1927) bevor Thomas Mann für *Wir sind Gefangene* eindringlich und folgenreich für den jungen Kollegen Partei ergriff (17.4.1927). Die Meldung, dass Graf neben Thomas Mann zur süddeutschen Gruppe des Pen-Clubs gehörte (17.6.1927), befestigte kurz darauf den von der FZ geförderten Status Grafs als einem ernstzunehmenden jungen Literaten Süddeutschlands.

Die wohlwollende Rezension von *Wunderbare Menschen* durch Max Herrmann (Neiße) unter dem Titel »Münchener Arbeiterbühne 1920« setzte am 1. Januar 1928 den positiven Trend zunächst fort. Um so erstaunter war man vermutlich in der Redaktion der FZ über den Einspruch der »Münchener Volksbühne gegen Oskar Maria Graf«, der am 22. Januar 1928 im Literaturblatt mit einem nachfolgenden Kommentar des Rezensenten erschien. Die tendenziellen Vorwürfe der gleich von vier Verantwortlichen unterschriebenen, zweiteiligen Erklärung gegen den ›Linken‹ Graf waren so gravierend, dass dessen Status in der FZ dauerhaft beschädigt war. Umso wichtiger ist vor

[37] Vgl. Siegmund Bing: Jakob Wassermann. Weg und Werk des Dichters, Nürnberg, Ernst Frommann & Sohn, 1929, 259 S.

diesem Hintergrund Walter Benjamins eindringliche Würdigung von »Oskar Maria Graf als Erzähler« (22.11.1931); diese grundsätzliche Studie zur Entstehung von Literatur aus dem mündlichen Erzählen anhand von Grafs *Kalendergeschichten* (1929) und des *Bolwieser. Roman eines Ehemannes* (1931) war aber zugleich die letzte nachweisbare Erwähnung Grafs in der FZ vor 1933.

Die nachfolgende kommentierte Bibliographie der Publikationen von und über Oskar Maria Graf in der FZ soll den Weg einer literarischen Hoffnung nachstellen, deren »Spezialität – Ländliche Sachen«[38] auch und gerade für die in der Nachkriegszeit der Zwanziger Jahre fragwürdig gewordene ›Heimatliteratur‹ neue Perspektiven eröffnete. Vor diesem Hintergrund erweist sich auch Thomas Manns Rezension keineswegs als vermeintlich persönliche Vorliebe oder gar als Zufall aufgrund des Rates seiner Frau, die ihm *Frühzeit* empfohlen hatte[39], sondern vielmehr als die Strategie einer überregionalen Tageszeitung, die in ihrem angesehenen Literaturblatt später wiederholt und nachdrücklich auch Arbeiterliteratur, aus dem Ruhrgebiet wie aus Franken, vorstellte.[40]

Die erste Erzählung

Die Vorstellung Oskar Maria Grafs in der FZ beginnt mit der Ankündigung eines Fortsetzungsromans im Rahmen einer Vorstellung »deutscher Erzählerkunst« (27.6.1923). Die redaktionelle Einleitung eröffnet ein engagiertes literatur-politisches Programm

[38] Vgl. Notizbuch des Provinzschriftstellers Oskar Maria Graf 1932. Erlebnisse. Intimitäten. Meinungen Basel, Leipzig, Wien, Zinnen Verlag, 1932, S. 8.
[39] Vgl. Dirk Heißerer: »Ich lege großen Wert auf Ihre Freundschaft.« Thomas Mann und Oskar Maria Graf in München und Amerika, a.a.O., (Anm. 1), S. 18; 20.
[40] Vgl. u.a. Heinrich Hauser: Erzählung eines Bergmannslebens [Rez. zu Georg Werner: Ein Kumpel. Erzählung aus dem Leben der Bergarbeiter]. In: Literaturblatt der FZ. Nr. 49. 17.11.1929. Heinrich Hauser: Die Zeche Hannibal. In: FZ. Nr. 873. 23.11.1929. Georg Schwarz: Der Arbeiterdichter Karl Bröger. In: Literaturblatt der FZ. Nr. 49. 8.12.1929. Bernard von Brentano: Die Provinz Ruhrgebiet. In: Literaturblatt der FZ. Nr. 4. 26.1.1930.

(Hervorhebungen im Original): »Nachdem wir unseren Lesern mit Hans Franks ›Südseespiel‹ und Josef Pontens ›Die Uhr von Gold‹ zwei bedeutende Proben moderner Belletristik geboten haben, ist es uns gelungen, für die kommenden Monate wieder einige besonders wertvolle Stücke/deutscher Erzählerkunst/zu erwerben. Dieser Tage beginnt im Feuilleton-Teil ein Roman des namentlich durch sein Friedrich-Drama bekanntgewordenen/Hermann v. Boetticher:/›Das Bild‹./Von dem weltgeschichtlichen Hintergrund der Politik des französischen zweiten Kaiserreichs, die von Bismarcks Augen durchblitzt wird, hebt sich die Geschichte einer tragischen Liebe ab, die aus der Realität der Tatsachen zu romantischer Poesie aufwächst und im Schicksal zweier Einzelmenschen das Unglück und die Entsagung unseres zerrissenen Europas spiegelt.« Der expressionistische Dramatiker Hermann von Boetticher (1887–1941) war durch sein Drama *Friedrich der Große* (1918) bekannt geworden. Die Einleitung fährt fort: »Eine zweite Erzählung von/Max Krell:/›Die Sibylle Vaurain‹/erweist in dichterischer Darstellung die pathologische Bereitschaft gewisser Menschentypen, die auf spiritistischen Wegen die Geister Verstorbener zur Führern ihres Schicksals auserwählen.« Der expressionistische Erzähler, Dramaturg und Redakteur Max Krell (1887–1962) hatte besonders durch seine bei Rowohlt erschienene expressionistische Erzählung über eine Tänzerin *Die Maringotte* (1919) auf sich aufmerksam gemacht[41]; der spätere Lektor im Berliner Ullstein-Verlag gab zudem 1923 den Sammelband *Das deutsche Theater der Gegenwart* in 21 Porträts heraus.

Nach Max Krell kann die FZ den Vorabdruck des bereits seit 1912 publizierenden Dichters Klabund (Alfred Henschke, 1890–1928) ankündigen und vergleicht das neue Werk mit dem 1916 erschienenen *Moreau. Roman eines Soldaten*: »Mit jenem hinreißenden Schwung, den man an seinem ›Moreau‹ schon bewunderte, erzählt/Klabund/den ›*Roman eines Zaren*‹/›Pjotr‹/worin die in ungeheures Format sich auswachsende Persönlichkeit Peter des Großen in einer mächtigen Historie farbige Anschaulichkeit

---

[41] Die Maringotte. Eine Erzählung von Max Krell. Berlin, Ernst Rowohlt Verlag, 1920. 222 (4) S. Mit einer Umschlagzeichnung von Rudolf Großmann. »Diese Paraphrasen über eine Tänzerin wurden begonnen im August 1917 in Wasserburg am Bodensee, beendet im Mai 1918 in München.« (S. 4)

gewinnt. Es ist kein Geschichtsroman, der sich mit dokumentarischen Details objektiv und akademisch aufspielt, sondern hier redet der Erzähler mit der Leidenschaft eines Augenzeugen, aus dem der Atem der ewigen Erregtheit weht.«

In dieser Reihe neuer Autoren ist schließlich Oskar Maria Graf der jüngste; seine damals aktuelle Prosaveröffentlichung waren die »Jugenderlebnisse« *Frühzeit*. Die FZ stellt ihn vor: »Zum Schluß sei angekündigt:/Oskar Maria Graf:/›Der Staatsmann‹./Der Roman führt in die jüngste Gegenwart des Kriegs, der Revolution und des Nachkriegs um die Reparationen. Man glaubt unter den Staatsmännern und Rednern bekannte Gesichter zu erkennen; und manchem vermag die innere Tragödie eines heutigen Führers im Bilde dieser Erzählung zu einer ahnenden Erkenntnis werden.«

Grafs Erzählung erschien in neun Folgen zwischen dem 9. und dem 23. September 1923. Vorlage für den Abdruck war vermutlich das Typoskript *Staatsmann Haunschild. Eine Erzählung von Oskar Maria Graf* (38 S.), das sich im Nachlass Grafs in der Bayerischen Staatsbibliothek München erhalten hat.[42] Das Typoskript trägt zwar den späteren Adressstempel »Oskar Maria Graf/München 23/Hohenzollernstr. 23/III«[43], dürfte aber dem FZ-Abdruck zugrunde gelegen haben. In einer zweiten Fassung ist die Erzählung unter dem Titel *Der Staatsmann* als erste von *Fünf Novellen* (99 S.) enthalten, zu denen auch *Joseph Leiberer selig ..., Der Mord aus Zufall, Der Kranz* und *Eine Geschichte ohne Ende* gehören.[44] Ein mit Umlaut-Ausschreibungen und daher vermutlich im Exil entstandenes Typoskript (46 S.) wäre dann die dritte Fassung dieser Geschichte.[45]

---

[42] Pfanner 1777 (1). Vgl: Staatsmann Hauschild. Eine Erzählung von Oskar Maria Graf. Ts. 38 S. Bayerische Staatsbibliothek München. Ana 440, 17, 14.

[43] Graf zog am 18.3.1931 aus der langjährigen Wohnung Barer Straße 37 (Rgb.) in die Hohenzollernstraße 23/III. Vgl. Gerhard Bauer: Gefangenschaft und Lebenslust. Oskar Maria Graf in seiner Zeit. München, Süddeutscher Verlag, 1987, S. 423.

[44] Vgl. Pfanner 1468, in: II. Manuskripte: »Fünf Novellen«, 99. S. Vgl. Oskar Maria Graf: Fünf Novellen. Ts. 101 Bl. Bayerische Staatsbibliothek Ana 440, 11, 3.

[45] Pfanner 1777 (2). Staatsmann Hauschild. Ts. 46 Bl. m. hs. Korr. I. S. 1–9. Bayerische Staatsbibliothek Ana 440, 17, 15.

Grafs erster Auftritt in der FZ ist mehrfach interessant. Seine Erzählung gehört mit den Arbeiten v. Boettichers und Klabunds in einen zeitgeschichtlichen Kontext, den der redaktionelle Vorspann eigens betont. Wer allerdings mit dem ›Staatsmann‹ der Erzählung gemeint ist, kann vorerst nur vermutet werden; über das im Text erwähnte »Reichskanzlerpalais« kann wenigstens Berlin um 1919 als Schauplatz ausgemacht werden. Die symbolische Funktion der Geschichte, die Unvereinbarkeit von ›Politik‹ und ›Menschheit‹ ist freilich nur zufällig an das historische Datum der frühen Nachkriegszeit gebunden; die Geschichte kann, mit anderen Protagonisten in kritischen Zeiten, jederzeit überall spielen. Ein Abdruck der Erzählung ist mit einem ausführlichen Kommentar für das nächste Jahrbuch vorgesehen.

Zwei Rezensionen

Diesem ersten erzählerischen Auftritt Grafs in der FZ folgten drei Monate später zwei Rezensionen seiner jüngsten Prosa. Siegmund Bing widmete sich innerhalb einer Sammelrezension den Indianer-Geschichten *Ua-Pua ... !* (1921), die mit ihrem kindlich-abenteuerlichen Ansatz den kritischen Ansprüchen des Rezensenten, der Graf in die Nähe zu Emile Zola und Upton Sinclair rückt, nicht genügen konnten: »Oskar Maria *Graf*, dessen herber und phrasenloser Berichter-Natur Zola und Sinclair vorzuschweben scheinen, bringt lyrisch gewandte Indianer-Dichtungen: ›Ua-Pua...!‹ (Durchaus friedensmäßig und mit 30 Kreidezeichnungen Georg Schrimpfs ausgestattet; bei Franz Ludwig Habbel, Regensburg). Aber – stört mich die traditionelle Terminologie der Helden und Heroinen des Urwaldes? – das Buch blieb mir entlegen. Mag es auch Spannweite und Vielfachheit seines Dichters aussagen, so haften doch selbst die schönen freien Rhythmen von ›Chinhahuia, unvergeßliche Tochter des Sitzenden Büffels‹ nicht im Gedächtnis. Das lyrische Vermögen Grafs, das man aus Nebeln und Wolken der ›Frühzeit‹ erahnte, wirkte unmittelbarer als dieser edelsinnig und rothäutig durch den Urwald geisternde Sang.« (16.12.1923). Drei Tage später lobte Bing dafür um so entschiedener die »Jugenderlebnisse« der *Frühzeit* (1922) und betonte die »epische Leidenschaft einer aus junger Kraft ungefügen Begabung«.[46] Etwas konkreter heißt es aber bei Bing: »Von Oskar Maria *Graf,* dem Münchener Dichter, ein seltsam eindringliches autobiographisches Buch, aus rauher Wahrhaftigkeit und schneidendem Worte gefügt: ›*Frühzeit*‹ (Im Malik-Verlag Berlin).« Das Buch mit den Jugenderlebnissen des Autors fühle »sich als Zeitdokument und wächst zum Kunstwerk. Es ergreift durch rüde Aufrichtigkeit, die im inneren Takte des Themas pulst. Knappe tatsachenschwere Sätze, die vom Safte des Bluts durch die Herzkammer des Erlebens kreisen. Die Verwandtschaft mit ›Arbeiterdichtern‹ wie Bröger und Petzold ist nur äußeren Grades.«[47] Das Buch nenne »Namen, die schon vor dem Krieg in München als Reformatoren des ›Lumpenproletariats‹ auftraten und schließlich, wie Erich Mühsam, zu Märtyrern ihrer humanen Ideologie geworden sind. Doch wird bei Graf nur geschildert und berichtet, nicht agitiert oder Propaganda getrieben. Die Anlässe seiner Epik sind freilich mehr geeignet, den Leser zu striemen als zu streicheln …« (19.12.1923).

Die zweite Erzählung. »Ein bayrischer Dichter«

Diese besondere Begabung konnte Graf in der FZ fast ein Jahr später mit einer weiteren Erzählung unter Beweis stellen. Die Novelle *Nekrolog auf Jos. Leiberer sel.* erschien in zwei Teilen am 2. und 4. November 1924. (Eine Präsentation der Novelle im Vergleich mit den Varianten ist ebenfalls für das nächste Jahrbuch vorgesehen.). Diese Vorstellung Grafs überzeugte offenbar so sehr, dass Siegmund Bing gut einen Monat später ›seine‹ Entdeckung als »Ein bayrischer Dichter« präsentieren konnte. Die Rezension zum *Bayrischen Lesebücherl* (1924) war positiv gehalten, wenn auch »mit der Einschränkung, daß es OMG an Liebe für die in seinem Buch dargestellten Landsleute fehle. Das erste Viertel des Buches könne als ›bajuwarische Klassik‹ bezeichnet werden.«[48] Eine genaue

---

[46] Vgl. Pfanner 5466.
[47] Anspielung auf die Arbeiterdichter Karl Bröger (1886–1944) aus Nürnberg sowie Alfons Petzold (1882–1923) aus Wien.
[48] Vgl. Pfanner 5130.

Betrachtung der Rezension bestätigt diese Zusammenfassung Pfanners allerdings *nicht*. Das *Bayerische Lesebücherl* nähre zunächst, schreibt Bing, »den Ruf des Dreißigjährigen: ein neuer Ludwig Thoma zu sein«, auch wenn Graf offenbar Thomas *Agricola* und erst recht den *Andreas Vöst* gut gelesen zu haben scheine und sich daran anlehne. Angesichts von Grafs »nackter und unerbittlicher Wahrheitsliebe«, die auch den Begriff »Gemüt'« in der Monographie über Georg Schrimpf (1919; 1923) neu bestimme, habe so viel Drastisches, dass sie »selbst den hemdsärmeligen Thoma geradezu ins Ganghofersche« rücke! Graf erweise sich als »ein enfant terrible (…) aus einer Schule kernbayerischen Charakters«, wobei der Begriff »Schule« bei dem »Bäckerlehrling« nur »mit Vorsicht aufzunehmen« sei. Unter Verweis auf die *Frühzeit*-Besprechung kann Bing zudem vermelden, daß »eine Fortsetzung dieser phrasenlosen Lebensbeichte (…) im Werden« sei. Das *Bayerische Lesebücherl* setze neue, eigene Maßstäbe: »(…) wie versinkt da des seligen Queri umständliches Werk und wie huscht, einen Augenblick nur, der doch so herzhaften Lena Christ unselig bleicher Ausgang vorbei!« Könne man beim ersten »Viertel des Büchleins« davon sprechen, dass hier »völlig Neuland, bajuvarische Klassik« vorhanden sei, zeige Graf allerdings Mängel bei der »reine(n) Naturschilderung«. Doch dieser Mangel, so Bing, werde mehrfach wettgemacht: »Unermüdlich wie ein Mönch, ein Mönch, der inbrünstig alles Irdische belauert, hockt dieser Edelproletarier in seiner Münchner Klause, der Leistung nicht minder beflissen als der Asket Flaubert, heißhungrig und gefräßig nach menschlichem Schicksal wie jene majestätische Masse: Balzac …«, wobei hier nur »Grad und Intensität des Wollens« gleich seien, aber »noch nicht die künstlerische Erfüllung«. Bing nahm sich in dieser Vorstellung auch der *Traumdeuter*-Novelle (1924) an, lobte sie ebenfalls und sah darin eine auszeichnende ›stoffliche‹ Nachbarschaft zu »Weismantel«. Der Schriftsteller, Reformpädagoge und spätere Politiker Leo Weismantel (1888–1964) hatte 1917 mit seinem »Roman aus der Rhön« *Marie Madlen* debütiert und damit die Grundlage für zahlreiche der Rhön gewidmete Schriften gelegt.

Unbekannte Rezensionen

Grafs nächste Bücher, der Dorfroman *Die Chronik von Flechting* und der Roman *Die Heimsuchung* (beide 1925), wurden von Siegmund Bing selbstverständlich auch in der FZ beachtet, auch wenn diese beiden Rezensionen bislang nicht bekannt waren. Vom Dorfroman schreibt Bing, dass diese Geschichte »voll heimatlicher Erinnerung (...) über den lokalen Sonderfall zur gemeingültigen Historie *dörflicher Siedelung*« hinauswachse; ein Vergleich mit Zolas *La terre,* dem »Monumentalausruck der Gattung«, dränge sich geradezu auf. Bing ist völlig begeistert: »Mit diesem Buche rechtfertigt O. M. Graf alle kühne Erwartung, die ›Frühzeit‹ und ›Traumdeuter‹ weckten. (...) In ihrem Genre besitzt ›Die Chronik von Flechting‹ Vollkommenheit und jene Leidenschaft zur Sachlichkeit, die Grafs Erzählertum Rang und Rasse gibt. Alles Menschliche ›steht‹; der Vortrag ist vielsagend und wortkarg, das Dialektische von phantastischer Echtheit. (...) Seine Prosa, Organ einer starken Natur, umgreift die Erscheinungen, bis sie leibhaftig werden.« (4.7.1926)

Ganz ähnlich äußert sich Bing wenige Monate später zu Grafs Roman *Heimsuchung*. Wieder werden Zola und Upton Sinclair als Vergleichsmaßstäbe bemüht, Ludwig Thomas Romane *Vöst* und *Ruepp* seien hier in »geminderter Beweglichkeit, aber aus rauherem Urstoff« wiedererstanden. Bei Graf wundere man sich nur darüber, dass dieser menschheitskundige Chronist identisch sei »mit dem fröhlich bejahenden und knabenhaften Kumpan (...), der in Münchens Fasching gleich einem homerischen Helden die letzte Schwabinger Bastion« verteidige und so »lokalen Ruhm« gewonnen habe. (21.11.1926) Das konnte Bing nur aus eigener Anschauung und Kenntnis der Verhältnisse vor Ort so wissen.

Ludwig Thoma

Die *Finsternis*-Besprechung (10.3.1927) bemühte erneut den Vergleich mit Ludwig Thoma und gab zudem die Zusammenfassung einer Rede, die Graf zur Feier des 60. Geburtstags Ludwig Thomas am 21. Januar 1927 bei einer Feier in der Buchhandlung

Steinicke (Amalienstraße 15) gehalten hatte.[49] Bing fasste als Augenzeuge die »kongeniale Gedächtnisrede« Grafs im Rückblick zusammen: »Was er Thoma nachsagte: daß er ein Dichter fürs Volk, nicht, wie es Landes Brauch, für die Dichter gewesen sei, gilt für ihn selbst. Soviel vom Atem des Volks lebt im Werk des kaum mehr als dreißigjährigen Graf, daß dieses Werk weiter Wurzel schlagen muß. Inmitten kernbayrischen Volkstums ist er der Helläugigste, Handfertigste: aber auch der untrüglichste Spiegel gnadenloser Wirklichkeiten. Der Humor tropfte aus schwerem und bei aller Massivität leicht gekränktem Gemüt; vielleicht sind darum ›Der Wittiber‹ und die Weihnachtslegende als Echtestes von ihm geblieben.« Der Übergang zu Graf selbst fällt Bing dann leicht: »Der frohgemute O. M. Graf verharrt unverdrossen, unbewegt, während ringsum Finsternis qualmt: was ist, *ist* eben, und der Dichter dazu da, es auszusprechen. Er war noch nicht stärker, im Künstlerischen gesiebter als in diesen aus mehreren Jahrgängen stammenden Dorfgeschichten. Trotz Thoma, Rüderer [!], Queri und Christ ist dies Jungmünchner Neuland, das außer Graf nur etwa noch Hans Reiser bestellt.« Bing schloss seine *Finsternis*-Rezension mit der Hervorhebung einer besonderen Erzählung: »›Die Wachtelberger Geschichte‹, weiträumiger Mittelpunkt der Sammlung, ist die schneidendste Chronik der Nachkriegsjahre, die ich kenne. Ein Dokument ohne Floskel, kein ethisches Privatissimum. Fuchsisch vermummt, ist der Mensch in Reinkulturlosigkeit des Menschen Wolf.

---

[49] »[Thoma-Feier.] Die Feier zum 60. Geburtstag Ludwig *Thomas* hatte den Steinickesaal beinahe bis zum Bersten gefüllt. Gute Worte zum Gedächtnis sprach Oskar Maria Graf, Rolf Winkler sang Soldatenlieder zur Laute, wobei der Schwalanschär wieder seine alte, oft erprobte Schlagkraft bewies. Gustav Waldau las Ernstes und Heiteres: das ›Sterben‹ aus dem Agricola und den ›Münchener im Himmel‹. An diesem Abend hätte der Dichter selber seine Freude gehabt.« Vgl. *Münchener Zeitung*, 36. Jg. Nr. 20/21. Sa/So 22./23.1.1927, S. 3. N.N. [Kunst/Wissenschaft/Unterhaltung]. Einen Teilabdruck der Rede Grafs führt Pfanner unter 1043 an: *Ludwig Thoma. Zum Gedächtnis des 60. Geburtstags. Aus einer Rede.* In: Das Welttheater. Zeitschrift der Münchener Volksbühne. 1927. H. 3, S. 58–63. Dieser Beitrag unterscheidet sich von Grafs Vorwort zur Ausgabe von Thomas Bauernroman *Der Wittiber* in der Deutschen Buch-Gemeinschaft, Berlin (Pfanner 1044; Auskunft Ulrich Dittmann).

Thomas ›Wilderer‹ werden angesichts dieser unterirdisch wühlenden Menschenjagd zu harmlosen Statisten, die Schrotkörner streuen, wo Grafs Menschheit, dem Anschein nach harmlose Kannegießer, wollüstig ihre Wolfsgrube legt. Für ›Mitwölfe‹, wie es schon Heine wußte ...« In dieser Auszeichnung Grafs als Thoma-Nachfolger und -Überwinder hat der Hinweis auf Hans Reiser (1888–1946) einen verstärkenden Sinn. Bing spielte damit auf die Novellen *Cherpens Binscham, der Landstreicher* (1920) und *Yatsuma. Eine Donquijoterie aus Schwabing* (1926) von Reiser an. Der Erzähler und Lyriker hatte einen bewegten Werdegang, war Arbeiter, Angestellter, ging lange auf Wanderschaft durch Tirol, Italien und die Schweiz, brachte sich als Gelegenheitsarbeiter durch, lebte in Brüssel, kämpfte vier Jahre im Ersten Weltkrieg, war danach Schreiner in Bad Tölz und lebte in den Zwanzigerjahren als Fabrikarbeiter und kunstgewerblicher Zeichner in München.[50] Mit Hans Reiser und Leo Weismantel brachte Bing damit zwei weitere junge Talente ins Gespräch, die zugleich verhinderten, in Graf einen Sonderfall oder eine Ausnahmeerscheinung zu sehen.

Thomas Mann

Vor diesem Hintergrund wird Bings erfolgreiche Talentsuche durch die große Rezension Thomas Manns von *Wir sind Gefangene* glänzend in den Grundlinien der Modernität und sogar fast bis in die eigene Wortwahl (»Edelproletarier«) bestätigt. (17.4.1927). Auch Mann sieht, dass Graf zwar ein bodenständiger Oberbayer sei, aber doch von eigenem Schlag: »Die Bodenständigkeit Ganghofers, Rüderers, Thomas ist das nicht mehr! (...) Dazu ist seine Urwüchsigkeit zu gründlich infiziert von internationaler Literatur und internationalem Sozialismus und sein Volksbegriff zu revolutionär«. Der »Proletarier des Geistes« habe mit seinem originellen autobiographischen Buch »ein wahres Kunstwerk« geschaffen, worin er sich zugleich von allen Widrigkeiten seiner Golem-Existenz erlöse. Dass die FZ zwei Monate später melden konnte, Graf gehöre, neben Tho-

---

[50] Hans Reisers Kinderbuch *Holdeguck und Dieterwackl* (1921) ist seit 2003 in einer Neuausgabe des Allitera-Verlags wieder erhältlich.

mas Mann und anderen zum süddeutschen Pen-Club, der sich soeben gebildet habe (17.6.1927), unterstrich die neue prominente Rolle, die Graf literarisch zugewiesen worden war.

Der Streit um die »Neue Bühne«

Das änderte sich beinahe schlagartig durch eine Kontroverse um das nächste Buch: *Wunderbare Menschen. Heitere Chronik einer Arbeiterbühne nebst meinen drolligen und traurigen Erlebnissen dortselbst von Oskar Maria Graf* (1927). Grafs Dichterkollege Max Herrmann (Neiße) (1886–1941) nahm sich lobend der Erzählung an. Die untergegangene genossenschaftliche »Neue Bühne« von 1920 (mit Graf als Dramaturgen) werde hier dreifach positiv geschildert: als gewissenhafter Bericht, als Gedenken an eine »rührende, heroische Bemühungen für die Sache der Arbeiterschaft« und zuletzt als »ein *interessantes Faktenbuch*, das aus Lokalem ins Große des steten Kampfes zwischen Reaktion und Fronde« wachse, mit »Drastik, Tragik und Humor«. (1.1.1928). Gegen diese Darstellung erhob sich eine vierfache Gegenstimme, die geradezu die Form einer »Gegendarstellung« annahm. Hermann Eßwein, der selbst in der FZ das Ressort der Münchener Kunst- und Kulturberichte inne hatte, unterschrieb neben »Justizrat Dr. Strauß. Vorsitzender d. Münchn. Volksb.«, dem Münchener »Stadtrat Mauerer, Vizepräsident« und »E. Auer« eine scharfe Zurückweisung von Grafs Darstellungen, die Max Herrmann ungeprüft weitergegeben habe. Mit »feindseliger Ironie« lasse Graf die Tatsache außer Acht, dass seine »Neue Bühne« »als politisch radikale Agitationsplattform« erst die Zusammenarbeit mit der politisch neutralen Volksbühne gesucht habe, als ihr wegen großer Schulden der Zusammenbruch drohte. Herrmann wiederhole zudem unter »der Suggestion von Grafs entstellenden Auffassungen«, dass die Arbeiterbühne an der gewerkschaftlichen Schwerfälligkeit gescheitert sei. Ferner seien die »Angriffe Grafs gegen das in alle Welt zerstreute Ensemble der Neuen Bühne« ebenfalls einfach übernommen worden und verstärkten eine »pauschale Herabsetzung«. In der anschließenden Rechtfertigung schrieb Max Herrmann, er habe selbstverständlich Grafs Angaben für »wahr« gehalten und habe aus dem ihm »sympathischen, schlichten, ehrlichen Ton seiner Schilderung auf die wohlfundierte Richtigkeit aller seiner Detailangaben« geschlossen. Dass es sich bei dieser ›Gegendarstellung‹ um einen kulturpolitischen Richtungsstreit handelte, lässt sich an einer früheren Kritik Hermann Eßweins erkennen. Bereits am 14. Oktober 1927 hatte er in der *Münchner Post* gegen Graf und sein Buch Stellung bezogen; er warf Graf eine flache und dürftige Charakterisierung seiner Personen vor und behauptete, dass das Buch eine Reihe von sachlichen Fehlern enthalte. Die Schuld am Scheitern der Neuen Bühne wird Graf selbst zugesprochen.[51] Diese beiden negativen Reaktionen Eßweins sind allerdings die Ausnahmen in den von Pfanner angeführten zeitgenössischen Rezensionen zu *Wunderbare Menschen*.[52] Interessant ist beispielsweise Alfred Kantorowicz' Rezension in der *Vossischen Zeitung* (4.12.1927). Er sah in *Wunderbare Menschen* eine Fortsetzung zu *Wir sind Gefangene* und berichtete von dem eigenen starken Eindruck, den er von dieser Bühne in München um 1920 unter der Leitung Eugen Felbers besonders bei der Inszenierung von Georg Kaisers Drama *Von morgens bis mitternachts* gehabt hatte. Von Graf, dem Dramaturgen, heißt es dort: »Er ist liebenswürdiger geworden, heiterer, klarer, nicht mehr so dumpf, süchtig, tapsig, wie er sich in seinem großen Lebensbekenntnis offenbarte, zu dem diese Erzählung von den ›wunderbaren Menschen‹ ein leichterer Nachtrag ist. (…) So wird das Volkslied zu Literatur und die simple Chronik ist ergreifender geworden, als ihr Autor vielleicht ursprünglich selbst vorausgesetzt hat.«[53]

Doch auch solch ein Zuspruch aus Berlin half nicht mehr weiter. Der Streit um die Arbeiterbühne hatte für Grafs Geltung in der FZ einschneidende Folgen. Weder *Im Winkel des Lebens* (1927) noch das heftig umstrittene *bayrische Dekameron* (1928) wurden danach in der FZ besprochen. In den nächsten beiden Jahren erschien dort überhaupt keine Graf-Rezension mehr. Die kurze Erwähnung unter der Überschrift »Literarisches Oktoberfest«, das der Kabarettist Willy Schaeffers mit Kollegen in der Münchener Bonbonnière »zum Besten der Deutschen Bühnengenossenschaft und der Internationalen Artistenloge« ver-

[51] Vgl. Pfanner 6304.
[52] Vgl. Pfanner 6303 bis 6319..
[53] Vgl. die Zeitungsausschnitte in Bayerische Staatsbibliothek Ana 440,40,25.

anstaltete, kam geradezu einer Degradierung gleich (4.10.1929): »Es las Oskar Maria *Graf* eine seiner bayerischen Geschichten, die derb, aber hübsch und echt war (...).«

Walter Benjamin

Erst der *Bolwieser*-Roman erregte wieder Aufmerksamkeit in der Redaktion. Walter Benjamin (1892–1940), nur zwei Jahre älter als Graf, aber bereits langjähriger Mitarbeiter der FZ, unternahm in seiner Doppel-Rezension (22.11.1931) sowohl der *Kalendergeschichten* (1929) als auch des *Bolwieser* (1931) eine literarische Ehrenrettung Grafs, die alle bisherigen Bemühungen, sowohl von Bing als auch von Thomas Mann, noch einmal übertraf. Benjamin fasst Grafs literarischen Werdegang zusammen und liest die *Kalendergeschichten* als Zeugnisse eben jenes »Werdenszwiespalt(s)«, der den ›Bauernsohn‹ vom Starnberger See in der Stadt zum Dichter habe werden lassen. Die *Kalendergeschichten* seien »pointenlos« und »entschädigten für billigen Gehalt durch eine lautere und exakte Beobachtung«. So wie das »epische« Theater Brechts (das angedeutet wird) eine neue Richtung vorgebe, so lasse sich bei Graf eine neue epische Schule ausmachen, die vom Erzähler zum Romancier führe. Gebe der klassische Bildungsroman noch den Werdegang seines Helden als Persönlichkeit wieder, so mache im neuen »epischen Raum« des *Bolwieser* eine »Versuchsperson Erfahrungen, und die vermindern sie«. Das sei »kein Roman« mehr, heißt es am Ende, »sondern die Geschichte von einem, der auszog und der die Kunst lernte, niemand mehr im Wege zu sein. Vielleicht ist es sogar ein Märchen: Die Verwandlung des Brunststiers ins Wettermännchen.« Im Nachklang zu dieser grandiosen Besprechung kam es noch zu einer werblichen Erwähnung des *Bolwieser* im Rahmen einer nachweihnachtlichen Rundfrage »Was beschert uns dieser Winter?«, die an Verleger gerichtet wurde, die wiederum ihr »Produktionsprogramm« kommentieren durften. Der Münchener *Drei Masken Verlag* wies entsprechend auf seinen Titel hin und lobte in Grafs *Bolwieser* den »Roman des echten, nämlich wirklich liebenden Pantoffelhelden« (29.12.1931). Im Vergleich mit Benjamins Deutung wirkt diese Anpreisung ernüchternd trivial. Wer weiß, ob Grafs folgende Bücher, die *Dorfbanditen*, das *No-*

tizbuch des Provinzschriftstellers Oskar Maria Graf 1932 und *Einer gegen alle* (sämtlich 1932) wieder von einem prominenten Literaten oder Kritiker in einem ähnlichen Rückblick besprochen worden wären, wenn die FZ ab Februar 1933 frei darüber hätte entscheiden können. Doch die Zeitgeschichte meinte es anders.

Oskar Maria Graf in der Frankfurter Zeitung (FZ)
Bibliographische Übersicht

[Ankündigung eines Fortsetzungsromans von Oskar Maria Graf: *Der Staatsmann.*] In: FZ. 67. Jg. Nr. 466. 27. Juni 1923. 2. Morgenblatt (MB). S. 1. Zusammen mit Hermann Boetticher: Das Bild; Max Krell: Die Sibylle Vaurain [Nr. 539, Sa. 24. Juli 1923 bis Nr. 564, Do. 2. August 1923, 3. Fortsetzungen]; Klabund. Pjotr. Roman eines Zaren. [von Nr. 577, Di. 7. August, 2. MB bis Nr. 653, Di. 4. September 1923, 2. MB, in 12 Fortsetzungen]. Nicht bei Pfanner.

Der Staatsmann. Erzählung von Oskar Maria Graf. In: FZ. 68. Jg. Nr. 668. So. 9. September 1923, 2. MB, S. 1 (I.). 1. Fortsetzung: Nr. 672. Di. 11. September 1923, 2. MB, S. 1. 2. Fortsetzung: Nr. 678. Do. 13. September 1923, 2. MB, S. 2 (II). 3. Fortsetzung: Nr. 684. Sa. 15. September 1923, 2. MB, S. 1. 4. Fortsetzung: Nr. 687. So. 10. September 1923, 2. MB, S. 1. 5. Fortsetzung: Nr. 691. Di. 18. September 1923, 2. MB, S. 1 (III). 6. Fortsetzung: Nr. 697. Do. 20. September 1923, 2. MB, S. 1. 7. Fortsetzung: Nr. 703. Sa. 22. September 1923, 2. MB, S. 2. Schluß: Nr. 706. So. 23. September 1923, 2. MB, S. 2 f. Nicht bei Pfanner.

Bücher-Rundschau. Von Dr. Siegmund Bing. In: FZ. 68. Jg. Nr. 931. 16. Dezember 1923, S. 1–3. Im Abschnitt »Von *Reisen* und *Fernen*« (S. 2) Bemerkung zu *Ua – Pua ...!* [1921]. Pfanner 5958.

[»Frühzeit.«] In: FZ. 68. Jg. Nr. 940. 19. Dezember 1923. Abendblatt (AB). S. 2. S.B. [Siegmund Bing]. Pfanner 5466.

Nekrolog auf Jos. Leiberer sel. *Eine Novelle*. Von Oskar Maria Graf. In: FZ. 69. Jg. Nr. 822. So. 2. November 1924, 2. MB, S. 1. Fortsetzung (II). In: FZ. 69. Jg. Nr. 826. Di. 4. November 1924, 2. MB, S. 1 f. Nicht bei Pfanner. Erstdruck unter dem Titel *Joseph Leiberer seligen Angedenkens. Ein verspäteter Nekrolog auf einen Stammtischgenossen.* In: *Berliner Volkszeitung*, Beilage *Berliner Familien-Zeitung*, Nr. 188. 15.8.1923 bis Nr. 190, 17.8.1923 (Pfanner 345). Danach unter dem Titel *Joseph Leiberer erzählt eine Geschichte* auch in *Münchener Post*, Beilage *Die Quelle*. Nr. 3, 19.1.1924, S. 2 (Pfanner 357). In Buchform erstmals unter dem Titel *Joseph Leiberer seligen Angedenkens* in: *Kalendergeschichten* 1929 (Pfanner 35), S. 243–258.

Ein bayrischer Dichter. In: FZ. 69. Jg. Nr. 935. 15. Dezember 1924, MB, S. 1. Siegmund Bing. Rez. zu *Bayrisches Lesebücherl* [I, 1924] und *Die Traumdeuter* (1924). Pfanner 5130.

Die Chronik von Flechting. Roman. Von *Oskar Maria Graf*. München. Drei Masken-Verlag. 241 Seiten. M 4.50. In: FZ. 70. Jg. Nr. 490. 4. Juli

1926. 2. MB. Literaturblatt. Beilage zur FZ. 59. Jg. Nr. 27. S. 2 Siegmund Bing. [Erzählendes]. Nicht bei Pfanner.
Die Heimsuchung. Roman. Von *Oskar Maria Graf.* Bonn a. Rh. Verlag der Buchgemeinde. 308 Seiten. In: FZ. 71. Jg. Nr. 865. 22.11.1926. 2. MB. Literaturblatt. Beilage zur FZ. 59. Jg., Nr. 47. S. 1. Siegmund Bing. Nicht bei Pfanner.
Finsternis. Sechs Dorfgeschichten. Von *Oskar Maria Graf.* München. Drei Masken-Verlag. 229 Seiten. Geb. M 5. In: FZ. 71. Jg. Nr. 211. 20.3.1927. 2. MB. Literaturblatt. Beilage zur FZ. 60. Jg. Nr. 12. 20. März 1927, S. 5. Siegmund Bing. [Erzählendes.] Pfanner 5369.
Verjüngende Bücher. *Kafka – Schwob – Schmeljow – Graf.* Von Thomas Mann. In: FZ. 71. Jg. Nr. 285. 17.4.1927. Literaturblatt. Beilage zur FZ. 60. Jg. Nr. 16, S. 1 f. Pfanner 6120.
[Gruppenbildung.] In: FZ. Nr. 443. 17.6.1927, AB, S. 1. N.N. Nicht bei Pfanner. Hinweis auf die süddeutsche Gruppe des PEN-Club. Erwähnt werden: Helene Böhlau, Hans Brandenburg, Irene Forbes-Mosse, A. M. Frey, Bruno Frank, E. Frisch, Catarina Godwin, Oskar Maria Graf, Max Halbe, Wilhelm Hausenstein, Karl Henckell, Georg Hirschfeld, Heinrich Mann, Thomas Mann, Prof. Carl Muth, Prof. Fritz Strich, E. L. Stahl, Regina Ullmann, Dr. Conrad Wandrey, Wilhelm Weigand, Fr. Würzbach, Willy Seidel. Der Vorstand bestand aus Hans Brandenburg, Catarina Godwin, Josef Ponten (Vorsitz) und Willy Seidel.
Münchener Arbeiterbühne 1920. *Zu dem Buch von Oskar Maria Graf.* Von Max Herrmann (Neisse). In: FZ. 72. Jg. Nr. 2. 1.1.1928, 2. MB. Literaturblatt. Beilage zur FZ. 61. Jg. Nr. 1. S. 1 f. Pfanner 6305 (s.a. 6314). Zu *Wunderbare Menschen. Heitere Chronik einer Arbeiterbühne nebst meinen drolligen und traurigen Erlebnissen dortselbst von Oskar Maria Graf* [1927].
»Münchener Arbeiterbühne 1920«. *Münchener Volksbühne gegen Oskar Maria Graf.* In: FZ. 72. Jg. Nr. 59. 22.1.1928, 2. MB. Literaturblatt. Beilage zur FZ. 61. Jg. Nr. 4. 22. Januar 1928, S. 1. Pfanner 6314. Entgegnung auf die Rez. von Max Herrmann (Neisse) in Literaturblatt Nr. 1, gezeichnet von: »Justizrat Dr. Strauß. Vorsitzender d. Münchn. Volksb./Stadtrat Mauerer, Vizepräsident/E. Auer/Hermann Eßwein«. Mit einer Erwiderung Max Herrmanns.
[»Literarisches Oktoberfest« von Willy Schaeffers.] In: FZ. 74. Jg. Nr. 741. 4.10.1929, AB, S. 2. Nicht bei Pfanner. Erwähnt werden Oskar Maria Graf, Robert Neumann, Franz Scharwenka, Max Halbe.
Oskar Maria Graf als Erzähler. Von Walter Benjamin. In: FZ. Jg. 76. Nr. 871. 22.11.1931. 2. MB. Literaturblatt. Beilage zur FZ. 64. Jg. Nr. 47, S. 8. Pfanner 5144 und 5722. Zu Kalendergeschichten (1929) und *Bolwieser* (1931).
Was beschert uns dieser Winter? Die Verleger kommentieren ihr Produktionsprogramm. In: FZ. 76. Jg. Nr. 890. Literaturblatt. Beilage zur FZ. 64. Jg. Nr. 48. 29.11.1931. 2. MB, S. 5f. Nicht bei Pfanner. Darin: »Drei Masken-Verlag: (...) Oskar Maria Graf ›Bolwieser‹, der Roman des echten, nämlich wirklich liebenden Pantoffelhelden. (...)« (S. 6).

Verena Espach
Das Bild der Münchner Revolution von 1918/19 – gespiegelt im Werk von Thomas Mann, Oskar Maria Graf und Ernst Toller

Ich hatte Hunger. »Gehen wir in die Wirtstube und essen und trinken was«, sagte ich zu Schorsch. [...] Hierher war nichts gedrungen. [...] Niemand kümmerte sich um uns. [...] Ich horchte aufmerksam, ob nicht doch irgend jemand wenigstens *ein* Wort über die Geschehnisse sagen würde. Nichts, gar nichts davon! »Wally, an Schweinshaxn!« *Dies* schien hier die einzige Situation zu sein.[54]

Diese Szene findet sich in Oskar Maria Grafs Autobiographie »Wir sind Gefangene« bei der Beschreibung des ersten Revolutionstages in München, des 7. November 1918.[55] Welches Bild dieses Tages entsteht dadurch in unseren Köpfen? Man kann sich bei dieser Passage des Eindrucks nicht erwehren, dass eines der umwälzendsten Ereignisse der neueren deutschen Geschichte an seinem ersten Tag in den Wirtshäusern – eigentlich doch auch Nachrichtenzentralen – noch ganz unbemerkt geblieben und in der Gemütlichkeit Münchens nahezu untergegangen zu sein scheint. Wurde die Massenbewegung möglicherweise in München gar nicht ernst genommen? Oder stellte sie eine reale Bedrohung dar? Wenn ja, für wen?

Betrachtet man Literatur als eine Vermittlungsinstanz von Geschichtsbildern,[56] ergeben sich neue, spannende Perspektiven

[54] Graf, Oskar Maria: Wir sind Gefangene. Ein Bekenntnis, München 10. Auflage 2005, S. 398.
[55] Die Revolution erreichte München zwei Tage vor Berlin, als nach einer Friedenskundgebung auf der Theresienwiese am 07.11.1918 die Massen unter Führung der USPD und Kurt Eisner in Bewegung kamen.
[56] Geschichtsbilder entstehen aus der historischen Kultur eines Landes, die den Prozess von Geschichtsforschung, Vermittlung von Geschichte, ihre Rezeption und die Auswirkungen davon beinhaltet. Die Geschichtskultur eines Landes zeigt sich in den Einstellungen und Werthaltungen der Bevölkerung gegenüber der Geschichte, in der Verarbeitung historischer Fakten in Erinnerungskultur und kollektivem Bewusstsein der Men-

auf historische Ereignisse. Auch der nicht unbedingt besonders historisch interessierte Leser bleibt von einem dem Text immanenten Geschichtsbild nicht »verschont« und verarbeitet dieses, wenn vielleicht auch unbewusst, in irgendeiner Form. Durch den anthropologischen Perspektivenwechsel in der Geschichtswissenschaft während der letzten beiden Jahrzehnte ist verstärkt das Interesse an Quellenarten erwacht, die uns historische Subjekte in ihrem Denken, Fühlen und Handeln näher zu bringen vermögen.[57] Besonders Selbstzeugnisse bieten solche Einblicke in makrohistorische Prozesse, deren Tiefenwirkung anders kaum ermittelt werden könnte.[58] Mit dreien solcher literarischer Selbstzeugnisse und den in ihnen transportierten Geschichtsbildern befasst sich folgender Aufsatz.[59]

Die Revolution von 1918 / 19 in der deutschen Geschichtskultur

Es wundert, warum der Revolution von 1918/19[60] heute in der Geschichtskultur Deutschlands so wenig Bedeutung beigemessen zu werden scheint, vor allem auch in der damaligen Revolutionsstadt München. Die Auseinandersetzung mit der Revolution[61] erscheint vor allem als Umgang mit einem offen-

---

schen und in der Art und Weise, wie Geschichte im Alltag »gebraucht« wird. (Vgl. dazu Rolf Schörken: Begegnungen mit Geschichte. Vom außerwissenschaftlichen Umgang mit der Historie in Literatur und Medien, Stuttgart 1995, S. 163.

[57] Vgl. Greyerz, Kaspar von u. a. (Hrsg.): Von der dargestellten Person zum erinnerten Ich: Europäische Selbstzeugnisse als historische Quellen (1500–1850), Köln u. a. 2001 (= Selbstzeugnisse der Neuzeit; Bd. 9), Vorwort, S. IX.

[58] Vgl. Schulze, Winfried: Artikel »Autobiographie«, in: Lexikon der Geschichtswissenschaft. Hundert Grundbegriffe, hg. v. Stefan Jordan, Stuttgart 2003, S. 37 – 40, S. 39.

[59] Dieser Aufsatz beruht auf meiner Zulassungsarbeit zum Staatsexamen, die ich 2006 bei Herrn Prof. Dr. Körner, Lehrstuhl Didaktik der Geschichte, Ludwig-Maximilians-Universität München, anfertigte.

[60] Der historische Ereignishintergrund der Revolution 1918/19 kann gut nachgeschlagen werden beispielsweise in: Spindler, Max (Hg.): Bayerische Geschichte im 19. und 20. Jahrhundert. 1800 – 1970, München 1978.

[61] Die Revolution von 1918/19 hat eine recht disparate Forschungsgeschichte aufzuweisen. Die publike wissenschaftliche Meinung zur Revolution von 1918/19, änderte sich im Laufe der Zeit grundlegend. In der Weimarer

sichtlich schwierigen Erbe.[62] Die Novemberrevolution blieb behaftet mit dem Makel des Scheiterns und die Kräfte der politischen Rechten waren damals nicht erfolglos in ihrem

> Republik erschienen zahlreiche Veröffentlichungen zur Revolution, doch handelte es sich dabei hauptsächlich um Memoiren und Darstellungen Beteiligter. Wie Reinhard Rürup aufzeigt, vollzog sich aber bereits in dieser Zeit eine Deutungsverschiebung, die in der Revolution nur noch Abwehrkampf gegen den Bolschewismus und »Dolchstoß« für die Truppen an der Front sah. Die Weimarer Republik bezog sich nicht auf die deutsche Revolution von 1918/19, von der die bayerische Revolution in München ein Teil war, als Gründungsakt, sondern eher auf deren Überwindung und die dadurch erreichte Kontinuität. So verschwand die Revolution auch schnell wieder aus dem Bewusstsein der Zeitgenossen (Vgl. dazu Rürup, Reinhard: Probleme der Revolution in Deutschland, Wiesbaden 1968, S. 4 ff.). Die Revolutionsdeutung im Dritten Reich hatte schließlich ihren Mittelpunkt in der Dolchstoßlegende und übernahm die Deutung von der Abwehr des Bolschewismus. Dementsprechend galt nach 1945 die Überwindung dieses Geschichtsbildes als oberstes Ziel. Aber auch die liberaldemokratische Revolutionsinterpretation nach 1945 wurde überschattet durch den Kalten Krieg, sodass die alte Formel vom Abwehrkampf gegen den Bolschewismus wieder in den Vordergrund trat. Die DDR-Forschung nahm man wegen ihres zu offensichtlichen ideologischen Einschlags in Westdeutschland nicht ernst. Seit den 1950er Jahren setzte die wissenschaftliche Beschäftigung mit der Revolution stärker ein, da zu diesem Zeitpunkt erstmals für die Forschung aufbereitete Quellen vorlagen. In der neueren Forschung sind die (verpassten) Chancen während der Revolutionszeit und der anschließenden ersten deutschen Demokratie der Weimarer Republik, das Hauptthema. Erst mit einiger Verspätung begann auch die Beschäftigung mit der Revolution in München und Bayern. Das Bild der »bayerischen« Revolution unterlag dem gleich Wandel wie das Bild der deutschen Revolution. Besondere Kernstücke der bayerischen Revolutionsforschung waren die Frage, ob sie tatsächlich eine Revolution darstellte, ihr (angeblicher) Bohème-Charakter, die zwei Räterepubliken, Gründe für das Unvermögen der Anführer und mögliche Ursachen für die spätere »Ordnungszelle Bayern. Mittlerweile ist sich die Wissenschaft recht einig darüber, dass es sich um eine »richtige« Revolution handelte. Oftmals wird die Revolution in München sogar als die »große Revolution« Deutschlands überhaupt, wenn auch als eine »steckengebliebene« Revolution bezeichnet (Vgl. hierzu beispielsweise die Darstellung in: Höller, Ralf: Der Anfang, der ein Ende war. Die Revolution in Bayern 1918/19, Berlin 1999. Weitere Forschungsliteratur findet sich im Anhang.).

[62] Vgl. dazu auch: Kolb, Eberhard: Revolutionsbilder: 1918/19 im zeitgenössischen Bewußtsein und in der historischen Forschung, Heidelberg 1993 (Kleine Schriften Reichspräsident-Friedrich-Ebert-Gedenkstätte, Nr. 15), S. 32 f.

Bestreben, die Revolution – und die aus ihr hervorgegangene Weimarer Republik – zum Symbol der deutschen Niederlage im Ersten Weltkrieg abzustempeln. Es gelang, dieses Bild der Revolution tief der kollektiven Erinnerung einzuprägen. Da sich die historische Bewertung einer Revolution immer in einem delikaten Spannungsverhältnis zwischen gegenwartsbezogener politisch-gesellschaftlicher Einstellung und dem Bemühen um sachgerecht-emotionsfreie Vergangenheitsdeutung bewegt, ist es gerade in der Revolutionsgeschichte nicht leicht, einfache Wahrheiten und konsensträchtige Urteile zu finden. Dennoch gibt es »vielfältige Ansatzpunkte, um die Revolutionsbewegung von 1918, die größte Massenbewegung der deutschen Geschichte, als eine Erscheinung zu würdigen, die gerade unter den Gesichtspunkten einer freiheitlich-demokratischen Traditionsstiftung des Erinnerns wert ist.«[63]

Werk- und Autorenauswahl

Sucht man nun nach literarischen Selbstzeugnissen für die Ereignisse vom November 1918 bis Mai 1919 in München, stößt man recht schnell auf drei Werke, die prädestiniert für eine solche Betrachtung scheinen: Oskar Maria Grafs Autobiographie »Wir sind Gefangene. Ein Bekenntnis« von 1927, Thomas Manns Tagebücher der Jahre 1918/19 und Ernst Tollers Autobiographie »Eine Jugend in Deutschland« aus dem Jahr 1933. Alle drei Autoren hielten sich mehr oder minder fast die ganze Revolutionszeit über in München auf, in allen drei Fällen kann also von literarisierten Zeitzeugenberichten gesprochen werden, selbst wenn bei Ernst Toller fast 15 Jahre zwischen Erleben und Veröffentlichung liegen und seine Schilderung stark subjektiv und stilisiert ist. Er verfolgte damit v. a. das didaktische Ziel, die Menschen gegen Ungerechtigkeit und Unmenschlichkeit wachzurütteln.

Autobiographische Selbstzeugnisse können auch unter dem Oberbegriff »Ego-Dokumente« subsumiert werden.[64] Dazu gehören sowohl so klassische Selbstzeugnisse wie Autobiogra-

---

[63] Ebd., S. 33.
[64] Vgl. Schulze, Winfried (Hg.): Ego-Dokumente. Annäherung an den Menschen in der Geschichte, Berlin 1996 (= Selbstzeugnisse der Neuzeit; Bd. 2).

phien und Tagebücher, aber auch Lebensläufe, Briefe, Erlebnisberichte, Gerichtsaussagen, Bewerbungen etc. Ein wichtiges Charakteristikum von Autobiographien ist ihre Publikationsabsicht und ihr Adressatenbezug. Dieses strukturierende Element unterscheidet sie von Tagebüchern, denen dies nicht unbedingt immanent ist. Tagebuch-Führen ist eine elementare Begegnung des Ichs mit der Zeit, sowohl mit der eigenen Lebenszeit als auch mit der »umgebenden« Zeit, der Geschichte. Tagebücher dienen vor allen Dingen der eigenen Erinnerung und der reflektiven Verarbeitung von Lebenserfahrungen.[65] Im Falle von Thomas Mann muss aber bedacht werden, dass er mit der Veröffentlichung seiner Tagebücher rechnete, zeithistorischer und literarischer Wert seiner Aufzeichnungen waren ihm durchaus bewusst.[66]

Welches geschichtliche Revolutionsbild vermitteln die drei Autoren in ihren Werken? Festzuhalten ist bereits jetzt, dass das Bild der Revolution, das sie zeichnen – wie auch in der historischen Forschung – zwischen Zufälligkeit und Zwanghaftigkeit, planungsloser, geradezu lächerlicher Posse und tatsächlichem großem Umsturz osziliert.

Das Augenmerk der vorliegenden Untersuchung richtet sich wie erwähnt auf die Darstellung der Ereignisse durch den jeweiligen Autor und das dadurch entstehende Revolutionsbild in den Werken. Die Leitfragen, die dem Versuch voranstehen, sind: Handelt es sich im Verständnis des Autors um eine Revolution? Gelingt sie? Was sind die Gründe für ein Scheitern der Revolution? Der tatsächliche historische Quellenwert der einzelnen Texte hingegen steht nicht zur Diskussion, es soll nicht herausgelesen werden, wie es sich denn nun »tatsächlich« zugetragen haben mag, sondern welches historische Bild die Autoren in ihren Werken zeichnen. Ob der Kürze des Aufsatzes muss die Auswahl der Textbelege natürlich Stückwerk bleiben.

---

[65] Bergmann, Klaus: Lebensgeschichte als Appell. Autobiographische Schriften der »kleinen Leute« und Außenseiter, Opladen 1991, S. 25.
[66] Vgl. Görner, Rüdiger: Das Tagebuch. Eine Einführung, München/Zürich 1986, S. 64.

Die ausgewählten Werke sind auch deshalb so reizvoll, weil die Autoren – so unterschiedlich ihr biographisches Herkommen auch war – auch auf vielfältige Art und Weise miteinander verwoben sind.[67]

Oskar Maria Graf hielt sich vor seinen schriftstellerischen Erfolgen mehr schlecht als recht mit Gelegenheitsarbeiten über Wasser, während Thomas Mann und Ernst Toller beide aus wohlhabenden Kaufmannsfamilien stammten und finanziell abgesichert waren. Ernst Toller und Oskar Maria Graf aber haben gemeinsam die Kriegserfahrungen des 1. Weltkriegs – Thomas Mann hingegen wurde ausgemustert und erlebte den Krieg sozusagen vom Schreibtisch aus. Sowohl Toller als auch Graf konnten die Unmenschlichkeit des Krieges nicht ertragen, weshalb sie aufgrund echter oder vorgetäuschter Nervenleiden vorzeitig als dienstunfähig »entlassen« wurden. Alle drei Autoren waren in den 1920er Jahren schließlich sehr erfolgreich, vor allem Ernst Toller gehörte in dieser Zeit zu den gefragtesten lebenden deutschen Dramatikern überhaupt, Thomas Mann erhielt 1929 den Nobelpreis für Literatur und Oskar Maria Graf konnte 1927 seinen Durchbruch mit seiner Autobiographie »Wir sind Gefangene« feiern – zu der Thomas Mann eine lobenden Rezension in der Frankfurter Zeitung vom 14.4.1927 verfasste. Toller und Graf waren beide aktiv an der Revolution beteiligt, während Mann die Dinge aus der Distanz betrachtete. Thomas Mann und Ernst Toller begegneten sich auch an der Münchner Universität, Ernst Toller bewahrte Thomas Mann vor der Geiselnahme in der zweiten Räterepublik,[68] Thomas Mann setzte sich umgekehrt bei Tollers Hochverratsprozess für ihn ein. Ob beide von diesem Engagement des jeweils anderen wussten, ist aber nicht bekannt. Alle drei emigrierten schließlich Anfang der 1930er Jahre und finden sich über einige Umwege in den USA wieder, wo Oskar Maria Graf und Thomas Mann in der 1939 gegründeten German American Writers Association zusammenarbeiteten.

[67] Eine detaillierte Darstellung des biographischen und ideologischen Herkommens der einzelnen Autoren muss aber im Rahmen dieses kurzen Aufsatzes entfallen.
[68] Vgl. Large, David Clay: Hitlers München. Aufstieg und Fall der Hauptstadt der Bewegung, München 1998, S. 155.

Zwischen Zufälligkeit und Zwanghaftigkeit, planungsloser Posse und echtem Umsturz: Das Revolutionsbild in den einzelnen Werken

Oskar Maria Grafs »Wir sind Gefangene«

Zwanghaft, ja unbedingt historisch notwendig geworden, erscheint die Revolution vor allem bei Oskar Maria Graf. In den Monaten vor der Revolution ist sie schon in der Luft zu spüren.[69] Nach dem Scheitern der Frühjahrsoffensive schließlich baut sie sich unaufhaltsam wie eine drohende Naturkatastrophe am Horizont auf:

> Viel heftiger rumorte es jetzt. [...] Viel, viel kühner war die verbitterte Masse. Rottungen gehörten zum täglichen Bild. Durch die Amnestie waren die Revolutionäre wieder frei und arbeiteten mit aller Macht. Mit jedem Tag fühlbarer geriet die Maschinerie der so fest geglaubten Ordnung aus den Fugen. Es war, wenn man die dunklen, dichten Massen durch die Straße ziehen sah, wirklich fast so, als sei ein drohender Strom aus seinem eingedämmten Bett gebrochen und überflute alles.[70]

Graf greift öfter auf das Bild des alles mit sich reißenden Flusses zurück, so auch am Tag der Ermordung Eisners.[71] Er drückt damit ganz deutlich sowohl Unaufhaltsamkeit als auch Natürlichkeit der Revolution aus, womit sie gleichermaßen auch gerechtfertigt erscheint. Obwohl durch diese Naturmetaphorik die Revolution sich als ein zwanghaftes, unausweichliches Naturereignis darstellt, zeigt Graf aber dennoch in seiner Schilderung auch eine Zufälligkeit, denn am Tag der Revolution scheint sie nicht wirklich geplant, sondern eher aus einem plötzlichen Einfall zur allgemeinen Überraschung zu entstehen:

> Plötzlich schrie Felix Fechenbach in Feldgrau laut und beinahe kommandomäßig in die bewegte Menge: »Genossen! Unser Führer Kurt

---

[69] Vgl. Graf, Gefangene, S. 326.
[70] Ebd., S. 384.
[71] »Die Massen kamen ins Treiben, der Strom floss durch die Stadt. Das war anders, ganz anders als am 7. November. Wenn jetzt einer aufgestanden wäre und hätte gerufen: »Schlachtet die Bürger! Zündet die Stadt an! Vernichtet alles!« es würde geschehen sein.« (Graf, Gefangene, S. 445).

Eisner hat gesprochen. Es hat keinen Zweck mehr, viele Worte zu verlieren! Wer für die Revolution ist, uns nach! Mir nach! Marsch![72]

Selbst Kurt Eisner wirkt überrascht und auf das plötzliche Hereinbrechen der Revolution nicht vorbereitet:

> Und mit einem Schlage gerieten die johlenden Massen ins Vorwärtsdrängen. Wie eine kribbelige, schwarze Welle wälzten sich tausend und aber tausend Menschen hangaufwärts auf die Straße; [...] Er (Eisner, d. Verf.) war blaß und schaute todernst drein; nichts redete er. Fast sah es aus, als hätte ihn das jähe Ereignis selbst überfallen. Ab und zu starrte er gerade vor sich hin, halb ängstlich und halb verstört.[73]

Die Revolution scheint sich wie ein eigenständiges Wesen der Stadt zu bemächtigen und die vormals so eifrigen Revolutionäre zu überraschen. Dementsprechend planlos geht es dann auch weiter. Graf beklagt die Tatenlosigkeit und das »Geschwätz«[74] der Revolutionsführer, an den tatsächlichen Machtverhältnissen hatte sich offenbar nicht viel geändert:

> Die Reichen lebten noch genauso herrlich und in Freuden, sie hatten sich mit Hamsterwaren eingedeckt, saßen in den vornehmen Hotels und Restaurants, und kein Mensch krümmte ihnen ein Haar. [...], und die Arbeiter wurden verhaftet oder beschossen, wenn sie mit Forderungen kamen.[75]

Unfähigkeit der politischen Führung zu spürbaren sozialen Verbesserungen, nach denen das kriegsmüde Volk verlangte, schwächte die anfängliche Macht der Revolution. Nach und nach machte sich Unzufriedenheit breit und bereitete so politischen Splittergruppen den Weg. Nach der Ermordung Eisners am 21.02.1919 radikalisierte sich die Stimmung in der Stadt. Der Massenzug bei Eisners Beerdigung war nach Graf »das letzte Hoch auf die Revolution [...], als schrie die Erde selber.«[76]

Nun herrschte ein zähes Ringen zwischen der gewählten Regierung und den Räten um die Regierungsform – demokratischer

---

[72] Ebd., S. 393.
[73] Ebd., S. 394.
[74] Ebd., S. 411.
[75] Ebd., S. 409.
[76] Ebd., S. 455 f.

Parlamentarismus oder Rätesystem nach russisch-sowjetischem Vorbild. In den verschiedenen Räten schien man nach wie vor planlos herumzusitzen,[77] Graf dekuvriert die Revolutionsparolen als Phrasen, die ein Arbeiter gar nicht mehr verstünde:

> »[...] Kein Arbeiter versteht mehr, was eigentlich gewollt wird, weil alle so geistig daherreden! [...] Ist doch auch wahr! Das ist überhaupt nichts als Geschwätz und keine Revolution!« schimpfte ich aus purer Abneigung gegen diese Gesellschaft: »Lauter Literaten!«[78]

Graf begriff sehr früh, wie tödlich für die Revolution die mangelnden Führungsqualitäten und das kleinliche Tauziehen zwischen den politischen Parteien um die Macht war. Die Menschen konnten sich nicht so schnell an die veränderte Situation gewöhnen und so sieht er die Revolution an ihren Schwächen zu Grunde gehen.

> Es ist drollig, aber es menschlich. Es ist so menschlich, dass jeder Mensch davor den Respekt verloren hat. Und das wird die Revolution vernichten helfen, denn die Unteroffiziere sind nicht auszurotten in Deutschland. Sie wollen Ordnung und siegen sicher.[79]

Auch nach dem Zusammenbruch der ersten Räterepublik scheinen die Anführer der zweiten Räterepublik immer noch nicht regierungsfähig zu sein. Es bleibt bei einem weiteren Versuch, der sich aber in Planlosigkeit und Ergebnis nicht vom ersten unterscheidet. Mit der Isolation Münchens wächst der Druck und das Elend in der Stadt immer mehr an, schließlich zerbröckelte auch das rote Arbeiterheer. Als die »weißen« Regierungstruppen des Reiches in München einmarschierten, wandelte sich die bis dahin relativ unblutige Münchner Revolution zu einem grausamen Blutvergießen ohne Gleichen. Vor allem die sogenannten »Weißen Garden« wüteten schrecklich in der Stadt und machten auch vor Frauen und Kindern nicht halt:

---

[77] «Sie schienen nicht das mindeste zu tun zu haben. [...] Es wurde immer unklarer, zu was man hier zusammensaß.« (Graf, Gefangene, S. 466).
[78] Ebd., S. 411.
[79] Ebd., S. 483.

> Eine alte Frau humpelte über die Straße. Vorne an der Ecke legte ein Regierungssoldat an. Es krachte, die Frau fiel und blieb nach einigen Zuckungen liegen. [...] Ein Knäblein hatte sich unbemerkt aus uns gewunden, lief mit flatterndem roten Taschentuch auf die Leiche zu. Es knallte schon wieder. Gellend schrie der Bub, machte einige Purzelbäume und lag still.[80]

Mit unvorstellbarer Gewalt und Willkür endet die so hoffnungsvoll begonnene Revolution bei Oskar Maria Graf. Die Schilderung eines Besuches auf dem Münchner Ostbahnhof, auf dem die Regierungssoldaten im Leichenhaus mit Kränzen bedeckt aufgebahrt wurden, die umgekommenen Arbeiter aber im Schuppen lagen, macht dies noch einmal deutlich:

> Auf dem schmutzigen Pflaster lagen die toten Arbeiter. Hingeschmissen, gerade, schief, auf dem Rücken oder auf der Seite. [...] Ich versuchte, zu zählen – [...] bis hundert und immer noch weiter. [...] Die meisten Toten waren zerfetzt, der lag im blutigen Hemd da, dem hing aus einer trichterförmigen Halswunde ein Stück Schlagader, dem fehlte der Unterkiefer, diesem die Nase, zwei, drei und mehr Schüsse hatten den ausgelöscht, dort lag einer mit überdecktem Haupt, daneben einer mit halbem Kopf, mit ausgelaufenem Hirn, nur ein kleines Stück Wand vom Hirnschädel war noch zu sehen. [...].[81]

Thomas Manns Tagebücher 1918/19

In den Tagebuchaufzeichnungen Thomas Manns ist wenig zur vorrevolutionären Volksstimmung in München zu finden. Er widmet sich vor allen Dingen den deutschland-übergreifenden politischen Zusammenhängen und Ereignissen in den letzten Kriegsmonaten. Die Beschreibung der Situation in München erfolgt implizit und ist insofern recht aufschlussreich, da sie einen guten Einblick in das Leben des wohlsituierten Bürgertums gewährt, zu dem Thomas Mann gehörte. Im genau protokollierten Tagesablauf Manns lassen sich keine Auswirkungen des sich völlig aussichtslos entwickelnden Krieges auf das Leben der Familie Mann feststellen. Im Gegensatz zur proletarischen Volks-

---

[80] Ebd., S. 499 f.
[81] Ebd., S. 505 f.

masse scheint es in dieser bürgerlichen Familie keinen Mangel gegeben zu haben – weder an Zigaretten noch an Lebensmitteln. Die Kluft zwischen den gesellschaftlichen Schichten wird hier besonders evident. Gerade im Nicht-Erwähnen (und Thomas Mann ist ein penibler Aufzeichner!), aus dem sich mit großer Wahrscheinlichkeit auch das Nicht-Vorhandensein irgendwelchen Mangels bei Thomas Mann herleiten lässt, zeigt er uns in seinen Tagebüchern ein gutes Bild der Klassengesellschaft am Vorabend der Revolution. Die Ereignisse am 7. November 1918 nimmt er zunächst – distanziert wie stets – kaum ernst:

> Auf der Theresienwiese war 3 Uhr große Volksversammlung. Keine Zeitung darum, keine Post. Alle Läden geschlossen. Ein Massenumzug hat stattgefunden. Rote Fahnen, ein Soldat auf den Schultern der Leute, der an verschiedenen Stellen »Reden« gehalten: »Nieder mit der Dynastie!« »Republik!« Albernes Pack –[82]

Schnell aber begreift er auch, dass etwas Neues begonnen hat[83] und begrüßt schließlich nach anfänglichem Zögern die Revolution, da auch er sie als natürlich ansieht:

> [...] der Mangel an Widerstand gegen eine Revolution beweist ihre Legitimität und Natürlichkeit.[84]

Aber auch Thomas Mann erfährt die Plan- und Führungslosigkeit der Revolutionsregierung. Er deutet die unzufriedene Stimmung in der Stadt mangels Verbesserung der Lebensumstände als gefährlich, wobei er ganz andere Dinge gefährdet sieht als Oskar Maria Graf und als »volkstümlichen Widerwillen gegen das Judenregiment«[85] deutet:

> Die innere Situation ist sehr gefährlich. Der eigentliche Proletarier-Terrorismus droht. [...] Andererseits Pogrom-Stimmung in München, Widersetzlichkeit gegen das Judenregiment.[86]

---

[82] Mann, Thomas: Tagebücher 1918–21, hg. v. Peter de Mendelssohn, Frankfurt/Main 2003, S. 58.
[83] »Irgendwie begehen die Menschen den Anbruch einer neuen Zeit.« (Mann, Tagebuch, S. 59.).
[84] Ebd., S. 66 f.
[85] Vgl. ebd., S. 98.
[86] Ebd., S. 80 f.

Nach Eisners Ermordung berichtet auch Thomas Mann von einer aufgebrachten Stimmung in der Stadt[87] und den unklaren politischen Verhältnissen:

> Es ist nicht klar, ob die Räterepublik offiziell verkündigt u. der Landtag endgültig gesprengt ist, oder ob die jetzige Lage ein Provisorium vorstellt.[88]

Kurz vor Ausrufung der ersten Räterepublik tritt noch einmal Thomas Manns Meinung zur Revolution deutlich zu Tage. Anscheinend ist das Chaos in der Stadt so groß und betrifft ihn so wenig, dass er sich sogar über sie lustig machen kann:

> Die Erklärung der Räte-Republik scheint unmittelbar bevorzustehen, nebst Bündnis mit den ungarischen u. russischen Sowjets. Ich finde Bayern urkomisch und sehe kaum mehr als Unfug, aber der Entente würde ichs doch gönnen, und so weit er Entente-feindlich ist, liebe ich den Kommunismus beinahe.[89]

Diese Situation ändert sich aber nach dem Zusammensturz der ersten Räteregierung. Während der Herrschaft der zweiten Räterepublik bekommt auch das Bürgertum die veränderte Lage zu spüren, so muss nun auch Thomas Mann einmal Mangel erfahren[90] und erlebt die Stadt in einem »Bürgerkriegszustand«.[91] Nach Manns Beurteilung besaß das System der zweiten Räterepublik einen militaristischen Grundzug, da die Schaffung einer Armee oberste Priorität hatte. Den Einzug der Regierungstruppen begrüßt er und wünscht sich ein hartes Eingreifen, um diese »Farce«[92] zu beenden.

---

[87] Vgl. ebd., S. 154.
[88] Ebd., S. 156 f.
[89] Ebd., S. 186.
[90] »Wir haben übrigens keine Butter mehr, und die Cigaretten gehen zu Ende.« (Mann, Tagebuch, S. 202.)
[91] Ebd., S. 197.
[92] Ebd., S. 226.

Ernst Toller »Eine Jugend in Deutschland«

Toller selbst war in der Zeit vor und am Anfang der Revolution nicht in München. Bei ihm baut sich nicht wie bei Graf die Drohkulisse des gärenden Umsturzes auf, es herrscht vielmehr Resignation. Das Volk möchte vor allen Dingen Frieden und eine Grundsicherung der elementaren Bedürfnisse,[93] auf die Revolution ist es gar nicht vorbereitet und scheint überfordert, Toller ahnt bereits die Probleme:

> Wollte es denn eine Revolution? Es wollte Frieden. Kampflos ist ihm die Macht zugefallen. Wird es lernen die Macht zu bewahren?[94]

Anders auch als bei Oskar Maria Graf ist Kurt Eisner in seiner Beschreibung der revolutionären Ereignisse nicht selbst überrascht, sondern:

> Eisner, mit psychologischem Instinkt, erfasste die Stimmung des Landes, er gewann die Bauern und Arbeiter für den Sturz der Monarchie [...].[95]

Toller schildert die nun folgenden Ereignisse mehr beiläufig und vor allen Dingen ganz so, als hätte es eine innere Notwendigkeit der Entwicklungen gegeben. Die weiteren Entwicklungen sind dann aber nicht Teil seiner Autobiographie, er setzt mit seiner Schilderung erst wieder bei Eisners Ermordung ein.

Mit der Beschreibung des auf die Ermordung Eisners folgenden Attentats auf Auer im bayerischen Landtag durch den »Arbeiter Alois Lindner«[96] zeigt Toller einmal mehr die Schwäche der bayerischen Regierung auf: In wilder Panik flüchteten die Abgeordneten aus dem Landtag und ließen neben ihren Hüten und Mänteln auch ihre Mandate, das Parlament und damit auch das Volk im Stich.[97] Damit wird die Sicht Tollers auf die Problematik der revolutionären Regierung Bayerns deutlich: Unfähig zu regieren, möchte jeder nur die eigene Haut retten, den vielleicht

---

[93] Vgl. Toller, Ernst: Eine Jugend in Deutschland, Reinbek bei Hamburg 18 2002, S. 79.
[94] Ebd., S. 80.
[95] Ebd., S. 82.
[96] Ebd., S. 84.
[97] Vgl. ebd.

nötigen Heldenmut besaß niemand. Die Ermordung Eisners inszeniert Ernst Toller als Weckruf für die Arbeitermassen und Anstoß für die Gründung der Räterepublik.[98]

Aufschlussreich ist die Schilderung des äußerst unbeholfenen Agierens der Regierung in München. Diese ließ sich nämlich Tollers Bericht zufolge von den Forderungen der Augsburger Arbeiterschaft, die Räterepublik auch in München auszurufen, geradezu überrumpeln, sodass die eigentlich gewählte Regierung unter Ministerpräsident Hoffmann ihre Regierungsgeschäfte kaum aufnehmen konnte. Die Beschreibung der in dieser Situation »kopflosen« Minister stellt diese als machtgierig und immer noch orientiert an vorrevolutionären Begebenheiten dar, wie folgende Passage zeigt:

> [...] die sozialdemokratischen Minister verlieren den Kopf, sie fürchten um Führung, Amt, Parteimitglieder und sind bereit, die Forderungen zu erfüllen. [...] der Ministerpräsident Hoffmann [...], eine Sorge drückt ihn, [...] ob die Räterepublik den alten Ministern Pensionen zahlen werde.[99]

Toller entblößt die Haltung der Regierenden: Nicht kluges Überlegen und Verhandeln für das Wohl der Massen beherrschte die Situation, sondern das Haften an alten Pfründen und die Sorge um finanzielle Sicherheit. Der Ernst der Lage schien (gerade) von der Regierung nicht begriffen worden zu sein.

Toller macht in seiner Darstellung deutlich, dass mangelnde Führung und Führungskompetenz für die ungeklärten Machtverhältnisse und die nicht handlungsfähige Regierung verantwortlich waren.

Nach Tollers Urteil wurden Männer in Ämter berufen, die diese nie auf rechte Art und Weise hätten ausfüllen können bzw. mit denen eine konstruktive Zusammenarbeit nicht möglich gewesen wäre. Deutlich wird dies am Beispiel des Dr. Lipp, den man zum Leiter des Volkskommissariats für auswärtige Angelegenheiten machte, dessen diesbezüglichen Fähigkeiten aber niemand kannte.[100] Als Toller sich bei einem Arbeiter über Dr. Lipp

---

[98] Vgl. ebd., S. 86.
[99] Ebd., S. 89.
[100] Vgl. ebd.

erkundigte, hieß es, dieser kenne den Papst persönlich. Zynisch bemerkt Toller dazu:

> Andere Männer werden mit Ämtern betraut, die zwar nicht den Papst persönlich kennen, aber doch den Dorfpfarrer.[101]

Mit diesen wenigen ironischen Worten beschreibt Toller Menschen in einem System, mit dem sie (noch) nicht umgehen konnten, nach wie vor waren sie in den alten Mustern von Macht, Ansehen und Herrschaft gefangen. Der »Sieg der Revolution«, die Räterepublik, wird von Toller in Frage gestellt, als »tollkühner Handstreich verzweifelter Arbeitermassen, die verlorene deutsche Revolution zu retten«.[102]

Auch die zweite Münchner Räterepublik vermag keine Verbesserung zu bringen, weder in der politischen Organisation noch in den Lebensbedingungen der hungernden Volksmassen:

> Wie immer in der deutschen Revolution bleiben die großzügigen sozialistischen Wirtschaftspläne Papier, die Unzufriedenheit der Arbeiter wächst, sie haben gehofft, die Revolution werde ihnen rasche Hilfe bringen, dass sie politische Machtträger wurden genügt nicht, sie wollen die Besserung des Alltags verspüren. Die Widersprüche innerhalb der Regierung bleiben nicht verborgen.[103]

Dem Einmarsch der übermächtigen Regierungstruppen ist das Arbeiterheer schließlich auch nicht mehr gewachsen, die »Weißen Garden« beenden die Münchner Revolution wie auch bei Oskar Maria Graf äußerst brutal:

> Bestialisch wütete der weiße Schrecken, siebenhundert Menschen wurden erschossen, Männer, Frauen und Kinder, Tausende wurden verhaftet, niemand war sicher vor Denunzianten. Die Leichenhallen waren zu klein, die Opfer zu fassen, Massengräber wurden geschaufelt wie im Krieg.[104]

---

[101] Ebd.
[102] Ebd.
[103] Ebd.
[104] Ebd., S. 137.

Die tragische Revolution

Graf gelingt es, ein differenziertes Bild der Revolutionswirren erstehen zu lassen. Sein anfängliches Urteil über die Revolution lautet:
»Diese Münchner Revolution war ein Gaudium für ihre Gegner. Sie war langweilig, sie war harmlos, sie war unerträglich. Sie war ein Posse, und noch dazu eine schlechte.«[105]

Das Revolutionsbild, das Graf in seiner Autobiographie erstehen lässt, ist tatsächlich das einer »verpfuschten Revolution«.[106] Die Revolution scheitert kläglich daran, dass die alten Eliten nicht gründlich genug ausgeschaltet wurden. Außerdem sind Machtkämpfe und Richtungsstreitigkeiten der Räte die großen Mängel und Schwachstellen der Revolution, die vereinte Kräfte benötigt hätte; so aber konnten die Räte weder auf wirtschaftlicher, noch auf politischer, sozialer oder militärischer Ebene zielführende Maßnahmen verwirklichen. Die Regierenden können den hochgesteckten Erwartungen der Massen nicht gerecht werden. Das Volk ist vor allen Dingen kriegsmüde, sehnt den Frieden und eine gerechtere Gesellschaftsordnung herbei, wünscht zwar den Umsturz und bewirkt ihn mit, ist aber selbst nicht fähig zur Durchsetzung der Revolution und ihrer Ziele.

Das Agieren der weißen Truppen wird als äußerst brutal geschildert, die anfangs relativ friedliche Revolution findet ein blutiges Ende. Kontinuität, Ratlosigkeit und Unfähigkeit, nicht Neuanfang, bestimmen das Bild der Revolution bei Oskar Maria Graf.

Auch bei Thomas Mann finden sich, wie zu zeigen war, viele Hinweise auf die schlechte Organisation und Uneinigkeit der Räte, die planvolles Handeln und Durchsetzen wirklicher Verbesserungen für das Volk unmöglich machten. Außerdem zeigt Mann die fast unveränderte Situation des reichen Bürgertums deutlich, die sich erst unter der zweiten Räterepublik zeitweise ein wenig ändert, und entlarvt auch damit die Schwächen der

---

[105] Graf, Gefangene, S. 409.
[106] Ebd., S. 442.

»steckengebliebenen« Revolution, die offensichtlich wenig gesellschaftliche Veränderung brachte.

Thomas Mann sieht in der Revolution das Werk jüdischer Literaten, in den Widersetzlichkeiten gegenüber der Revolution und ihren Führern meint er eine Abwehr des Volkes gegen das »Juden-Regiment« zu finden. Damit schließt sich Mann der Meinung an, die in der Weimarer Republik und im dritten Reich weitverbreitet war und das Bild der Münchner Revolution als eine »jüdische Literatenrevolution« prägte.

Bei Toller sind die Arbeiter die wahren Helden und »Macher« der Revolution, diese und ihr Projekt scheitern aber wie auch bei den anderen beiden Autoren an inkompetenten, egoistischen, uneinigen und unorganisierten Führern; das Volk selbst ist zu schwach, dem Abhilfe zu schaffen. Es wusste zwar, »was es nicht wollte, aber es wusste nicht, was es wollte.«[107] Die Schwäche des Volkes hat bei Toller aber nicht dieses selbst zu verantworten, sondern ist nach Toller ein Resultat der lebenslangen Knechtung des Volkes zum Untertanentum durch die herrschende Klasse. Dadurch verlor das Volk seine natürlichen Freiheitsinstinkte. Ernst Tollers geknechtete Menschen erscheinen wie Untote, die von den Herrschenden gelenkt und in feste Strukturen gepresst werden. Diese Bahnen können bei der Revolution nicht so schnell verlassen werden, wie es nötig gewesen wäre, weswegen das Volk in die alten Muster der beherrschten Klasse zurückfällt und die Revolution scheitert.

Obwohl die Autoren unterschiedliches politisch-ideologisches Herkommen aufweisen (grob formuliert: Thomas Mann als der eine Generation ältere Familienvater auf der einen – O.M. Graf und Ernst Toller auf der anderen Seite des politischen Lagers) und ganz unterschiedliche Grundeinstellungen und Perspektiven haben, so sind doch die beschriebenen Revolutionsbilder letztlich einander recht ähnlich. Sowohl Oskar Maria Graf als auch Thomas Mann und Ernst Toller betonen trotz grundsätzlicher Zustimmung beziehungsweise Akzeptanz der Ereignisse das Chaos und die Führerlosigkeit der Revolution.

---

[107] Toller, Jugend, S. 81.

Alle drei Autoren zeigen eine Revolution, die »stecken« bleibt und nicht zu ihrer Vollendung gebracht wird. Die Gründe, die sie dafür anführen, sind annähernd die gleichen: Unfähigkeit und Unorganisiertheit der Regierenden, das Zusammengehen mit den alten Eliten, Autoritätshörigkeit, bei Toller verstärkt durch das Untertanentum des Kaiserreichs, das den menschlichen Instinkt nach Freiheit verschüttet habe. Auch die jeweilige Beurteilung der Geschehnisse durch die Autoren ist sehr ähnlich, wenn Thomas Mann auch letztlich das Ende der Revolution begrüßt. Die Bilder, die die Autoren von den Räten geben, sind nahezu identisch. Auch die Schrecken des roten und vor allem des weißen Terrors werden benannt. Die Geschehnisse werden zwar durchweg als Revolution bezeichnet, von einer Umkehrung der Machtverhältnisse ist aber bei allen dreien kaum die Rede.

Zusammenfassend kann festgehalten werden, dass sich das Revolutionsbild in den drei untersuchten Werken trotz der unterschiedlichen Positionen sehr gleicht, die historischen Ereignisse sind – abgesehen von einer unterschiedlichen Gewichtung in den einzelnen Werken – recht übereinstimmend dargestellt. Alle drei Autoren siedeln die Revolution zwischen Zwanghaftigkeit und Zufälligkeit, planloser Posse und ernsthaftem Umsturz an.

Quellen- und Literaturverzeichnis (Auswahl)

Graf, Oskar Maria: Wir sind Gefangene. Ein Bekenntnis, München10 2005.
Ders.: An manchen Tagen. Reden, Gedanken und Zeitbetrachtungen, München 1994 (Oskar Maria Graf Werkausgabe Band XII, hg. v. Wilfried F. Schoeller).
Mann, Thomas: Tagebücher 1918–1921, hg. v. Peter de Mendelssohn, Frankfurt/Main 2003.
Ders., Tagebücher 1949–1950, hg. v. Inge Jens, Frankfurt/Main 1991.
Toller, Ernst: Eine Jugend in Deutschland, Reinbek bei Hamburg 182002.

SEKUNDÄRLITERATUR

Bauer, Gerhard: Oskar Maria Graf. Gefangenschaft und Lebenslust. Eine Werk-Biographie, München 1987.
Bauer, Richard: Geschichte Münchens. Mittelalter bis zur Gegenwart, München 2003.
Bergmann, Klaus: Lebensgeschichte als Appell. Autobiographische Schriften der »kleinen Leute« und Außenseiter, Opladen 1991.

Bosl, Karl (Hg.): Bayern im Umbruch. Die Revolution von 1918, ihre Voraussetzungen, ihr Verlauf und ihrer Folgen, München/Wien 1969.
Distl, Dieter: Ernst Toller. Eine politische Biographie, Schrobenhausen 1993 (Edition Descartes 1; Beiträge zu den Geisteswissenschaften).
Dove, Richard: Ernst Toller. Ein Leben in Deutschland, Göttingen 1993.
Fuchs, Konrad/Raab, Heribert: dtv-Wörterbuch zur Geschichte, Bd. 2 (L-Z), München, 9. Aufl. 1993.
Geyer, Martin H.: Verkehrte Welt. Revolution, Inflation und Moderne: München 1914–1924, Göttingen 1998 (Kritische Studien zur Geschichtswissenschaft, Bd., 128).
Görner, Rüdiger: Das Tagebuch. Eine Einführung, München/Zürich 1986.
Grau, Bernhard: Artikel »Eisner« in: Große Bayerische Biographische Enzyklopädie, hg. v. Hans-Michael Körner, München 2005, S. 438 f.
Greyerz, Kaspar von u. a. (Hrsg.): Von der dargestellten Person zum erinnerten Ich: europäische Selbstzeugnisse als historische Quellen (1500–1850), Köln u. a. 2001 (Selbstzeugnisse der Neuzeit; Bd. 9).
Haar, Carel ter: Ernst Toller: Appell oder Resignation?, München 1977.
Heißerer, Dirk: »Ich lege großen Wert auf ihrer Freundschaft«. Thomas Mann und Oskar Maria Graf in München und Amerika, in: Jahrbuch 2001 der Oskar Maria Graf-Gesellschaft, hrsg. v. Ulrich Dittmann u. Hans Dollinger, München 2001, S. 11–37.
Herz, Rudolf/Halfbrodt, Dirk: Revolution und Fotografie. München 1918/19, Berlin 1988 (Ausstellungskatalog zur Ausstellung: München 1918/19: Die Revolution im Spiegel der Fotografie, im Fotomuseum im Münchner Stadtmuseum, 4.11.1988–12.3 1989).
Hocke, Gustav René: Das europäische Tagebuch, Wiesbaden 1963.
Höller, Ralf: Der Anfang, der ein Ende war. Die Revolution in Bayern 1918/19, Berlin 1999.
Jaeger, Friedrich: Artikel »Geschichtsdidaktik«, in: Lexikon Geschichtswissenschaft. Hundert Grundbegriffe, hg. v. Stefan Jordan, Stuttgart 2002, S. 108–112.
Jens, Inge und Walter: Die Tagebücher, in: Thomas-Mann-Handbuch, hg. v. Helmut Koopmann, Stuttgart 1990, S. 721–741.
Kaufmann, Ulrich: Oskar Maria Graf. Rebell – Erzähler – Weltbürger. Studien und Materialien, München 1994.
Kolb, Eberhard: Revolutionsbilder: 1918/19 im zeitgenössischen Bewußtsein und in der historischen Forschung, Heidelberg 1993 (Kleine Schriften Reichspräsident-Friedrich-Ebert-Gedenkstätte, Nr. 15).
Koopmann, Helmut (Hg.): Thomas-Mann-Handbuch, Stuttgart 1990.
Kurzke, Hermann: Thomas Mann. Das Leben als Kunstwerk, München 1999.
Kraus, Andreas: Geschichte Bayerns. Von den Anfängen bis zur Gegenwart, München 1983.
Large, David Clay: Hitlers München. Aufstieg und Fall der Hauptstadt der Bewegung, München 1998.
Margetts, John: Gegenseitiger Respekt und tiefe Zuneigung. Thomas Mann und seine Beziehung zu Oskar Maria Graf, in: Jahrbuch 2006 der Oskar

Maria Graf-Gesellschaft, hrsg. v. Ulrich Dittmann u. Hans Dollinger, München 2006, S. 53–75.

Mennekes, Friedhelm: Die Republik als Herausforderung. Konservatives Denken in Bayern zwischen Weimarer Republik und antidemokratischer Reaktion (1918–1925), Berlin 1972 (Beiträge zu einer historischen Strukturanalyse Bayerns im Industriezeitalter; 8).

Mitchell, Allan: Revolution in Bayern 1918/19. Die Eisner-Regierung und die Räterepublik, München 1967.

Mohr, Joachim: Hunde wie ich. Selbstbild und Weltbild in den autobiographischen Schriften Oskar Maria Grafs, Würzburg 1999 (Epistemata: Reihe Literaturwissenschaft; Bd. 287).

Neuhaus, Stefan/Selbmann, Rolf/Unger, Thorsten (Hrsg.): Ernst Toller und die Weimarer Republik. Ein Autor im Spannungsfeld von Literatur und Politik, Würzburg 1999 (Schriften der Ernst-Toller-Gesellschaft; Bd. 1).

Neumann, Bernd: Identität und Rollenzwang. Zur Theorie der Autobiographie, Frankfurt/Main 1970.

Pfanner, Helmut F.: Bewunderung auf Distanz: Oskar Maria Grafs Verhältnis zu Thomas Mann, in: Jahrbuch 1994/5 der Oskar Maria Graf-Gesellschaft, hrsg. v. Ulrich Dittmann u. Hans Dollinger, Die Münchner Vorträge im Graf-Jubiläumsjahr 1994, München 1995, S. 105–124.

Rohlfes, Joachim: Geschichte und ihre Didaktik, 2. bibliogr. erg. Aufl., Göttingen 1997.

Rürup, Reinhard: Probleme der Revolution in Deutschland 1918/19, Wiesbaden 1968.

Schörken, Rolf: Geschichte in der Alltagswelt. Wie uns Geschichte begegnet und was wir mit ihr machen, Stuttgart 1981.

Schulze, Winfried (Hg.): Ego-Dokumente. Annäherung an den Menschen in der Geschichte, Berlin 1996 (Selbstzeugnisse der Neuzeit; Bd. 2).

Ders.: Artikel »Autobiographie«, in: Lexikon der Geschichtswissenschaft. Hundert Grundbegriffe, hg. v. Stefan Jordan, Stuttgart 2003, S. 37–40.

Theo Stammen: Thomas Mann und die politische Welt, in: Thomas-Mann-Handbuch, hg. v. Helmut Koopmann, Stuttgart 1990, S. 18–48.

Volkert, Wilhelm: Geschichte Bayerns, 2., erg. Aufl., München 2004.